媽！我要住眷村

第一部｜為什麼要保留一座眷村？

眷村，台灣特有的情懷

人文與建築，往往能以不同樣貌見證一個地區、城市，乃至於國家的過去與現代。在當地季節氣候、歷史發展、人文習俗等因素的交叉影響下，隨著時間推移，衍生出獨特的風景。

台灣的眷村形成與特殊歷史背景相關。民國 37 年至 50 年，中華民國國軍隨著國民政府陸續遷移來台，為安置來自不同省份、不同軍種的軍人及眷屬，政府大量興建眷村，或以現有群聚村落加以配置，因而形成了自成一格、獨立的聚落風貌，而位於高雄鳳山的黃埔新村就是很具代表性的眷村。

「黃埔」是陸軍官校的起點與象徵，在 20 世紀初中華民國內憂外患之際，是鍛鍊保家衛國人才的搖籃，台灣以黃埔為名的眷村尚有黃埔一到七村，但黃埔新村相對的更具備歷史衝突與意義。這裡原是二戰期間，日軍為南進政策屯駐軍隊所興建的宿舍，房舍為日式建築，且因宿舍以提供家屬居住為主，因此多為單棟獨門獨戶或雙拼式雙戶；國軍接收並遷入後，住戶逐漸因空間需求而增建，更因生活方式而改變了原有的日式結構，無心插柳地造就出日式建築與中式生活融為一體的特有建物景象。如今眷村已然轉身成為文化資產，遷入住民的身份與心境也有所不同了。

　　隨著近年國軍老舊眷村改建條例的制定，全國各地眷村開始大規模的改建及拆除工作，不僅眷村從此成為歷史，裡面的故事、文化意義有隨之滅失之虞。為了使眷村文化及歷史資料免於消逝，本書運用文獻蒐集、口述訪談等記錄方式，讓極具歷史意義的黃埔新村，能留下前世與今生的點滴記憶。

　　這本專書的作者，採訪了黃埔新村原眷戶家庭，以及參與高雄市文化局「以住代護」計畫的新住戶，將半世紀以來散落在一磚一瓦間的生活回憶、歷史片段一一蒐集、記錄，以最真實方式的呈現；並透過建築、社區營造、老屋整修經驗等角度，帶領我們發掘隱藏在細微中的建築巧思、生活應用，從眷戶遺留下的裝潢隔間、居家布置，讓我們得以窺見在那個大時代下，眷戶的生活樣貌，所呈現的眷村文化縮影。

　　這正是台灣一路走來，值得留存的部分歷史。

文化部文化資產局局長　施國隆

看見老眷村的過往和新生

由於特殊的歷史脈絡，台灣這個島嶼上匯集了多元且豐富的文化樣貌。高雄是全台最大的軍事聚落，隨著國民政府遷移來台，各省分的國民軍人與其家屬在此駐紮、落腳、生根，因而形成台灣特有的「眷村」聚落。「眷村」遍及高雄各區，其中又以左營、岡山、鳳山三地，堪稱高雄眷村的三大本營，其中鳳山區的「黃埔新村」由於為日式建築聚落，建築群為日治時期所建，並由國民政府接收，其年份悠久，又經過中日不同文化的洗禮融合，尤其特別。

台灣近年對於歷史遺跡逐漸重視，各縣市紛紛制定條例維護保存，高雄市文化局尤其致力於市內的眷村遺跡保存再利用，期望能透過各種方式活化建築，重新賦予見證歷史的建物地貌新的生命力。因此針對市內鳳山區的黃埔新村，文化局自 103 年起發起「以住代護」計畫。所謂「以住代護」即是徵求對眷村建舍、眷村文化充滿熱情的個人或團體，藉由實際入住的行為，匯聚延續台灣特有的眷村文化。目前已有一群新住戶進駐，並與舊社區形成有趣且深富意義的人文現象。

在「以住代護」計畫的支援下，這些老舊眷舍得以免除被拆除的危機，透過市府與國防部協調，民眾能夠申請入住修繕和維護管理。若人屋媒合成功，市府將會提供修繕補助和空調裝備。在此之外，新住戶可以在文資保存架構下，依照自己對房屋的想像提案規劃。透過計畫，這些走過六、七十年時光的老房子能夠被保存，並且因為新住戶的進駐，獲得新的生命和樣貌。

本書的出版源於我們想透過逐步的紀錄，帶領各世代的讀者看見老眷村的過往和新生，開啟民眾對於眷村文化、對於黃埔新村的重新想像。從一戶眷舍、一條街、進而到整個社區營造與古屋再造，我們能夠為這些見證歷史、代表台灣的建築做些什麼？透過書中的空間賞析、老眷村與社會的互動，傳遞黃埔新村所代表的時代意義，在時空社會氣氛的轉變下仍保有眷村文化之美。

高雄市長

位於南方帶有歷史足跡的家

黃埔新村，若約略在上個世紀 40 年代，遙望這裡，有百來戶黑瓦平房的日式建築，這是二戰期間日軍為南進政策屯駐軍隊所興建的宿舍；時間若再往後走一些，經過大時代的變遷，住於此的變成孫立人將軍部隊遷移而來的軍人及其眷屬，他／她們在匆忙收拾的行李中或許沒帶甚麼紀念性的物品，便隨軍隊越過海峽到台灣來了，把這當成移民暫居的家，多年後卻留給黃埔新村一些歷史、一些足跡、一些故事。

因著這樣的背景，加上本市眷村創意保存政策—以住代護人才基地的推出，本書從新舊住戶、建築空間、老屋再造、家的想像、文資保存等面向重新拼貼一個歷史場景的生活面。在這些場景中我們看到了如原住戶中與孫立人部隊軍官訓練班有淵源的鄧家、經戰火輾轉到台灣的閻家、致力保存黃埔文史的曹老師、省籍姻緣的汪奶奶等，給我們留下一個不可磨滅的歷史意象。隨著新住戶加入，這種意象日趨明顯，因為在整修老房子的經驗與對話中，慢慢揭開一層層的積累，發現真實居住的記憶痕跡；同時木作、手工書、空間設計、舞蹈、劇場表演、勞資調解、關懷移工、紅門書坊、城市自造、織染、回歸生活、繪畫攝影、創意改造、美學設計、共藝術等多元特質，也賦予原本的歷史空間更多新樣貌。

全國首創的「以住代護人才基地」，民國 104 年由第一波新住戶入住黃埔新村，眷村創意保存就此開始，不同於各地眷村保存規模不一，有些規劃為文物館，有些則結合觀光與商業模式，走向文化園區。文化局思考「人」才是眷村

的未來，故結合社會力量，以「實質居住」、「妥善維護」來延續眷村文化；「人才基地」則是城市轉型，需要新的人才進入，以往眷村是因戰爭移民而形成，現在則是人才移民賦予眷村新生命。「戰爭移民 時代遷徙 城市轉型 人才移民」，從眷村核心價值出發，釋出具歷史氛圍的居住空間，吸引新世代移居高雄。

眷村改建條例的制定，使得眷村本身及其所代表的文化意義慢慢消逝於歷史中，但隨著文資保存及以住代護引入新住戶，黃埔新村本已走入歷史又走出歷史，是延續也是新生，如果有時間細細品味，你將會發現，黃埔新村是一個帶有歷史足跡的家。

高雄市政府文化局局長

作者介紹

夏夏

高雄鳳山人。

著有小說《末日前的啤酒》、《狗說》、《煮海》、《一千年動物園》。詩集《小女兒》、《鬧彆扭》及《一五一時》詩選集、《氣味詩》詩選集。 戲劇編導作品《大海呀大海》、《小森林馬戲團》、《煮海的人》以及戲劇聽覺作品《契訶夫聽覺計畫》。

邱承漢

辭去臺北銀行工作，回到高雄鹽埕將外婆起家厝改建為「叁捌旅居」，因為對土地與旅行的熱愛，過著返鄉但持續流浪的雙重生活。

陳育萱

小說家，也寫散文和詩歌，居高雄，在高雄中學擔任燃火種的人。著有《不測之人》。

楊晴惠

落腳打狗鹽埕，熱衷於尋找歷史碎片拼出一片片的拼圖，近年主要專注在尋找鹽埕身世和台灣的海洋史故事。出沒各大音樂祭演唱會，相信音樂可以拯救世界。鉛字中毒、宅屬性。

楊貽茜

高雄鳳山人。德國慕尼黑音樂暨表演藝術大學最高演奏文憑畢業。2005 年長篇小說《純律》獲皇冠百萬小說首獎，觀眾票選第一名。兩度獲得優良電影劇本獎。2012 年國藝會創作補助及亞洲文化交流協會（ACC）2014 年度獎助計畫。自編自導的電影「寶米恰恰」，得到金馬獎五項提名，並獲得台北電影節最佳剪接、編劇及最佳劇情長片獎。

蔡文騫

高雄人，喜歡聽故事，喜歡老時光，出版散文集《午後的病房課》。

黃琬雯

日本東京大學建築學博士，成功大學建築研究所碩士。

現任元智大學藝術與設計學系助理教授，東京大學生產技術研究所今井研—海外研究員。

專長為設計方法論、住居類型學、世界傳統聚落與民居之調查與研究、藝術與文化產業、設計史專題。近年致力於藝術與設計浸潤社區、土耳其世界遺產城市 Bergama 之研究。編譯書籍有《東京論》、《同居台北》、《SUEP. Book2：末光弘和＋末光陽子設計理論》。

郭彥麟
業餘文字勞動者，喜好觀察，可見與不可見。當隱喻乍現時，如地圖自隱形墨水中浮現，私藏了某種未得卻已得的滿足。與插畫家郭紋秀合著繪本《刺蝟》。

方尹萍
2012 年回國設立 Adamas Architecture & Design 方尹萍建築設計，並兼任過實踐大學建築設計學系兼任講師。立志推動生活美學與自然環境共生之理念。喜愛天然素材及自然環境，同時運用身心靈角度傳遞療癒性特質的作品精神。

曾任伊東豐雄建築設計事務所，大矩聯合建築師事務所，中村拓志 ＆NAP 建築設計事務所等公司，擔任國際專案窗口與設計師。

[插畫]
薛袤兒
現為自由插畫工作者，從事平面設計與個人插畫商品開發、插畫教學。
擅長手繪平面創作，作品特色為將鳥類比擬成人，動物、大自然，幻想情境、故事性插畫。喜歡彈吉他，時常邊畫畫邊唱歌。

[攝影]
盧昱瑞
高雄人，在高雄從事影像紀錄及視覺藝術創作等工作，偶爾積極投入文化資產保存議題。

第一部
為什麼要保留一座眷村？

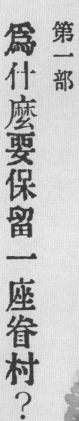

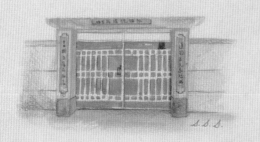

新村到新城

夏夏

一塊磚
承載著一輩子的記憶

1 月 23 日
晨抵鳳山，於客運車站見劉。
晚與劉見於黃埔路後至誠正國小。

1 月 24 日
晚與劉見於黃埔路後至誠正國小。

1 月 25 日
上午至步校潘處，談甚久。中午於步校用膳。下午與潘至高雄左營。
於步校通電話與劉。

父親在 1975 年的日記中記下與母親交往的點滴。當時派駐在陸軍部隊的父親常往
返各地，家住在高雄縣大寮鄉會社新村，為台糖所有地所建的眷舍；母親婚前住在
鳳山中山路上的娘家，近龍山寺，任職於衛武營。黃埔新村恰巧位於父親和母親
家的交會處，村中的誠正國小在放學後是幽靜之處，於是就成了他倆約會地點。
父親軍校的同學多派任到相關單位工作，如與黃埔新村僅隔精武路的步校。同學
中出生軍人子弟的不少，其中不乏住在左營眷村、黃埔新村，甚至是其他縣市的
眷村，每回到同學家玩，也等同遊歷各地眷村。

婚後，父親和母親在鳳山火車站附近成家，仍以鳳山地區為主要生活範圍，我們因而得以每個週末回到大寮的眷村探望祖父母和姑姑。後來，兩人的老家隨著兄弟姊妹的嫁娶搬遷而日漸空坵。母親的老家在道路拓寬計畫中已被整合為馬路的一部分，僅存畸零一隅。眷改條例實施後，父親的老家也面臨拆遷。

還記得那段日子，常聽到母親說：爸爸到大寮去整理房子。次數之頻繁，成為我記憶中相當深刻一段。父親多半去一個上午或下午，獨自在那裡砍著後院的雜草亂枝，整理祖父母的遺物。還記得有一次我不知何故也跟著去了，隔著紗窗看到父親汗流浹背整理那已經亂得不能再亂的後院，更

不說還有蚊蟲騷亂，我不明白，這樣破敗的房子何須要一而再，再而三的整頓呢？

在拆除的磚瓦間翻找回憶

房屋正式拆除時的記憶，我絲毫沒有留下。只記得那時就讀大學，祖父母已相繼去世一段年月，按往常慣例，北部的親友皆返鄉過年。親族一同回到被夷為平地的老家，沿著殘存的巷弄痕跡走到僅存牆根的老家前，指認著地磚辨識每個房間的位置。再後來，回去看看，變成父親的口頭禪。沒事的時候，他總會說，我們

回去看看。實則也真的只是驅車回到老家的所在地，儀式性地繞行一圈，偶爾會突然想起曾有過的鄰居住處和零星的回憶。回程時，有時候也到母親家繞一圈，母親總會指著同樣位置說些我們從未參與過的過去，臉上泛著我們不能理解的笑容。

母親驟逝後，父親的記憶力已驚人的速度衰退，我們才赫然發現許多事情再不記下來，就真得再也想不起來了。好比說母親繼承自祖母的東北酸白菜、臘肉、香腸等，每年過年前她必定會叨唸著配方，但我們只顧著吃，從不引以為意，如今竟開始為著某些味道再也吃不到而惶恐憂傷。於是我開始喜歡帶著父親到處轉，經常，父親的記憶就在這迷宮般的大街小巷間給轉了出來，那些不要緊的小事，變得何其珍貴。

因著這樣的背景，在籌劃此書時，特別邀請高雄在地作家的加入，以新舊對照的方式，寫下黃埔新村原住戶與「以住代護」新住戶跨越時間的交會歷程。又黃埔新村的前身為日本軍官宿舍，其建築物的改建與使用沿革，本身便能訴說一段相當輝煌的台灣常民生活史，而眷村保留的意義除了其歷史價值與時代意義外，更是一種居住型態的詮釋，在今日居住習性漸趨單一化的社會中，有必要作為重要參考茲以記錄，因此也邀請相關學者參與本書撰寫。

人口外移的舊眷村

黃埔新村原住戶遷居別處的原因各異，如移民國外、隨家人移居外地、因健康因素轉換環境、隨子女居住等，當然也有因眷改條例而搬遷者。後者通常可分為兩種類型，一種是領取補償性金額後自行選擇理想住所，其地點不受限制，另一種則是集體分配到新的大樓，樓層由抽籤安排。黃埔新村原住戶被分配到的是同樣位於鳳山地區的「鳳山新城」，鄰近海軍明德訓練班 (原日本海軍鳳山無線電信所)。由於每一戶的成員及家中狀況不同，若有不在此範圍內例舉的亦有之。

黃埔新村雖然已於 2014 年左右全數遷出，但仍以其他形式繼續延續往日鄰里情誼，例如相關網站的架設、以實體或網路的形式展示眷村文物、小範圍的聯絡網等形式並進。前往鳳山新城時，相比於我所接觸過的其他現代化大樓少有群聚，在此也能相當容易的辨識出聚在一起聊天的居民，他們的圍繞閒聊的景致即為眷村文化的切片再現。

然而最顯而易見的還是下午或黃昏時，原住戶例行性的「回來看看」黃埔新村，甚至在村口榕樹下仍每日有原住戶聚集聊天，或者什麼都不做，只是想要坐在生於斯長於斯的地方吹吹風。

「家」從此不一樣了

後來，我終於還是把行動力日漸不便的父親接到身邊照顧。從計畫父親的北上那日起，總感到無限哀傷，深知那將是家的意義被重新定義的重舉。行前，想了又想，總拿不定主意該帶走哪些，因為若要帶，其實什麼都想帶，然而真正重要的卻什麼也帶不了：曾經在這名為家的空間的點點滴滴，習以為常的生活物件，幾十年的鄰居親友，以及未來得及更改的收件人名字。在著手採訪這本書的內容時，我也同時在經歷一段遷移，無論是面對原住戶所發的感懷之情，或是新住戶所懷的憧憬之情，同時交雜在我心中。

還記得拜訪原住在黃埔新村的鄧伯伯時，他帶我們參觀新家陽台上的盆栽和紅磚，說是從黃埔新村搬來的，因為捨不得，連磚塊都一起搬來了。那樣的癡情，恐怕在經常搬家的人眼裡是難以想像，卻是曾生根於某地的人所共有的斷根之痛。陸續採訪黃埔新村時，我經常獨自回到鳳山的家中，家裡陳設幾乎和我們離開前沒有太大的變化，然而因為知道沒有人住在這裡，深深體會到空蕩蕩的感受。也提前預知了，一個沒有人使用的空間其破敗的速度之快，叫人難以想像。於是，每回返家，一再逗留，翻弄櫥櫃裡的什物，將無須再整理的擺設一再整理，有如父親當年。從家中離開時，儘管行李再重再狼狽，我總是想盡辦法帶上一兩盆母親種的盆栽坐上高鐵，讓它們繼續在新的居所發芽開花，也好叫父親得著安慰。

俄國劇作家契訶夫在劇本「櫻桃園」中描寫了在新舊時代交替中，原本貴為櫻桃園地主的一家人，最終不得不搬離，而從前為他們耕地的農夫之子買下了莊園所有權。他們所深愛的櫻桃園，有朝一日可能將被砍下，換取更多的經濟效益以符合時代的需求，這可能也是唯一能讓莊園延續的方式。契訶夫筆下的輪替，在不同議題和不同角色互換中經常上演。以時代為名的巨輪背負著帶大家往前進的責任，實行必要之惡，往往無法兼顧被輾過的犧牲品。

所幸，在訪談過程中，不乏繼續澆灌櫻桃樹的有心人，更見到新舊住戶共同守護家園的美景。

「以住代護‧人才基地」

文化局

因時代而生
也因時代而止

一個叫做黃埔的家

在鳳山土生土長，長期研究高雄眷村文化的顧超光教授表示，黃埔新村應該是全臺第一代眷村之一，甚至可能是最早的眷村，其建築型式為日式建築，保存完整，從歷史與建築角度來看，深具保存價值。黃埔新村，一個以黃埔為名的眷村，位在俗稱黃埔軍校的陸軍軍官學校正對面。

以黃埔為名的眷村除黃埔新村外，尚有黃埔一到七村，但黃埔新村以其住戶的背景與建物的歷史而有別於其他以黃埔為名的眷村。黃埔新村看似一般的眷村，但這裡的眷戶主要是孫立人將軍的部屬，也因為孫立人將軍的遭遇而使這裡的眷戶與其他的眷村有所不同。此處的建物是日式建築，是二戰期間日軍為南進政策屯駐軍隊所興建的宿舍，這裡的宿舍不是供單身居住，而是供軍隊家屬居住，是他們在臺灣的家。

這樣像家一樣的建物，卻在二戰後由中國軍隊家屬入住，成為中國軍隊在臺灣的家。這樣的歷史貌似謬誤，其實正是黃埔一詞所隱含的時代背景與歷史意義。

從廣州到鳳山

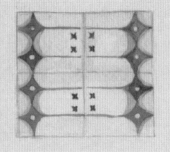

黃埔一詞的由來是陸軍軍官學校創立的地點在廣東廣
州黃埔，所以陸軍軍官學校又稱黃埔軍校。創立於民
國 13 年的黃埔軍校的歷史可以說是中國近代史的縮
影，十九世紀末葉到二十世紀初世界正處於急促的變
化，當時的中國也無法置身於全球化的變動外。孫中
山雖然於 1911 年建立民國，但整個國家仍處於不穩
定且四分五裂的狀況下，各地軍閥割據使得國家的統一無法達成，因此需要有一
支具有中心思想且素質良好的武裝部隊。

這樣的時空背景下，黃埔軍校成立了，在之後中國歷史的演進中，舉凡北伐、抗
日與國共內戰，與黃埔有關的人士佔了很重要的地位，二戰時期所謂蔣介石的嫡

系部隊幹部必須是黃埔出身，曾任中共總理的周恩來就是創校時的政治部副主任，後來中共建國後所謂的十大元帥就有五位出身黃埔。這樣的黃埔與歷史密不可分，是中國近代史上一個不可或缺的角色。

民國 39 年，黃埔軍校在臺灣鳳山復校，自此在臺灣落地生根，仍繼續培養中華民國陸軍幹部，黃埔一詞成為傳統在臺灣延續下來，而在廣州的舊址則成為古蹟供人參觀。

因擁擠而生的情感

黃埔新村最早的名稱是誠正新村，是非屬蔣介石嫡系的孫立人部屬眷舍，誠正的由來是源於孫立人於貴州駐軍時設立的眷屬小學，誠正一詞即有濃厚的孫立人色彩；民國 39 年，黃埔軍校在旁復校，後更名「黃埔新村」，現在位於黃埔新村南側的國小仍保有誠正之名。黃埔新村的建物是日軍遺留下來的眷舍，孫立人將軍部隊昔日在緬甸與日軍激戰，來到臺灣後卻住在日軍眷舍，歷史的發展往往出人意料。這些軍人年少時與日本人打仗，後來又遠離家鄉住進日本人原有的家，有的原有眷屬，也有的娶了在地臺灣女性，從此在臺灣落地生根。

原有的日軍眷舍或為單棟獨門獨戶或為雙拼式雙戶，但由於居住空間的不足，於是充分利用空間，前後加建左右分隔，卻也有機的衍生出屬於眷村特有的建物景象。這樣的家雖然擁擠，卻也是二代眷戶一輩子的回憶。

「以住代護 — 人才基地」

因時代而生，也因時代而止的眷村，正在步入被世界遺忘而消失的命運。「以住代護－人才基地」補助計畫由高雄市文化局主辦，希望將具歷史記憶的眷舍空間，再次拌入人文元素，強調實際居住來延續眷村的場域精神。

自民國 103 年起，由黃埔新村眷區內挑選屋況適合的眷舍開放民眾參觀，有意願申請者可依照屋況撰寫整建計畫，再委由專家審核、面試。經入選後，自簽約日起可居住三年，並負修護之責。

本計畫不只是藝術家進駐計畫，不只是眷村文化館計畫，也不只是閒置空間再利用計畫；而是希望募集喜愛眷村、熱愛生活、期待在飽富生命紋理的眷舍中生活又懷有夢想的民眾，持續在這裡產生人文與眷舍環境間之有機互動，延續眷村的生活機能。

最安靜的意義——

專訪國立高雄大學創意設計與建築學系陳啟仁教授——陳育萱

故事，
得從人與文化景觀的互動開始

守護的條件

都更與居住正義息息相關，街頭上的抗爭時有所聞。與此議題相關的文化景觀保存，亦於無形中擴大討論範圍，納入社會共議的焦點。這些事件的出現並非偶然，事實上台灣遷變之速，關於歷史建物、文化資產的討論卻始終不夠。在匆促成事的決定中，犧牲的是結構底層的人們。

如今，全台因眷改條例而拆除的眷村不在少數，幾處保存的眷村之中，以黃埔新村案例尤為特殊，因為高雄市政府啟動了「以住代護」計畫，直接透過新住戶進駐方式，活化這一區帶的社區連結機能。

提及眷村文化保存，任教國立高雄大學創意設計與建築學系的陳啟仁教授亦參與以住代護計畫的審核，他首先提及黃埔新村特殊之處，在高雄諸多眷村保存模式之中，只有黃埔採以住代護的新方式。一般眷村會先確定具備文化資產的身分，而倘若能與國防部達成一定共識，便能有其他轉機。黃埔一例由市政府部分代管，續以文化局以住代護計畫，外來團隊陸續引入，「活保存」的概念便能開始扎根。在發揮實質的土地效益外，也可透過使用者共同負擔空間的責任，降低市政府維護管理的巨大成本。釋放特殊空間，讓有志從事微型創意團隊進駐，作為生活或創意的基地，不啻為現有限制下，增加外部效益的良好途徑。

關於申請的計畫案，陳啟仁教授讚賞：「很有特色，很有心！我們都滿感動，原來能量還滿多的！」不過，僧多粥少，創意還是得回到現實面，審核是為了評估申請者是否能在「非營利」且「自住」的條件下經營下去，有無能力去維護、守護這房舍？「雖然不少人創意十足，可是，能否在期程三年之中持續維護，就成為關鍵的考量」，陳啟仁教授解釋道。

至於，對眷村的情感連結會是考量要素嗎？陳啟仁教授提供了眷村空間認知的三個面向，「首先，有些申請者在眷村長大，對此有認同；再者是非眷村子弟，卻了解、喜歡這樣的空間；最後一種是不見得真正了解眷村，只是對異質空間的特色感興趣。這三種人活化起眷村空間，結果就會很不同。」確實，最核心內裡的因素最難衡量，不過，經由申請者報告，便可看得出他對眷村空間的情感是哪一種。須謹慎之處是，不見得哪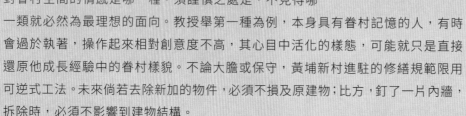一類就必然為最理想的面向。教授舉第一種為例，本身具有眷村記憶的人，有時會過於執著，操作起來相對創意度不高，其心目中活化的樣態，可能就只是直接還原他成長經驗中的眷村樣貌。不論大膽或保守，黃埔新村進駐的修繕規範限用可逆式工法。未來倘若去除新加的物件，必須不損及原建物；比方，釘了一片內牆，拆除時，必須不影響到建物結構。

就整體歷程而言，以住代護計畫有助凝聚文化景觀共識。只是，去年十二月簽訂合約數月後，住戶才算理出屋內大致輪廓來。陳啟仁教授指出，日式房舍因為建築構造關係，隱蔽之處很多，一旦近距離接觸，對於隱蔽地方往往得追加不少經

公告

「村」新雄市觀吸發
埔為高化景在此引
「黃域管請，菸
區列，火災。

陸軍軍官學校製

費。對於撙節使用經費的申請者而言，光是在工程上比價就相當耗時，加上各戶
空間各異，小規模的工程單位不見得能掌握，復加上述的情況，艱辛是免不了的。

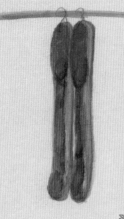

再說一個故事

　　有了空間，還不一定有故事，想誕生一個故事，得從人與文化景觀的互動開始。

　　「我們的教育體制，沒有培養年輕人思考，於是，問起生活態度是什麼？人生哲學是什麼？我們的年輕人說不出來。」國外同齡者都能侃侃而談，何以島嶼上的年輕生命普遍不大行？陳啟仁教授思索了一下，「國外閱讀習慣比我們更好，島國人民的心態是很怕跟不上人家，因而總是渴求新的事物。從另一個面向看，丟的東西就快了，很多東西，在我們這邊留不住。」當物質發達，資訊爆炸，事物事件不分大小一閃而逝，自然沒有太多時間去考慮取或捨。

　　所以，「文化也是，若連沉澱時間都沒有，當然不會留下什麼痕跡。文化創意是大問題，是文化？還是創意？創意可能是靈光一現，可是文化這件事是被醞釀、沉澱、孕育出來的。靈光一現的文化根柢不夠，走不久。大概會有人認為這樣的態度偏於保守，反駁文化就是創造出來的產物。可是，我倒認為如果我們連眼前東西都留不下來，還能創造什麼呢？」

　　對於此番情況肩負使命感的團體，逐漸在台灣各地蓬勃起來。較之以往，活絡在地的企圖，展現在古蹟導覽、文化小旅行等活動上。事實上，陳啟仁教授認為若要溯源在地文史，可以溯往公部門、文化局、文化主管等單位，其大量基礎調查研究和報告，區域發展、歷史脈絡，都是個人想理解這塊土地的寶窟。同時，他

呼籲，「文化主管單位的各項資訊應更公開化，讓可及性更高」，因為陸續進行的在地研究，在這一、兩年讓導覽材料變多，故事也能應運改換，好比，「我們都以為鍾理和是美濃人，但現在才知道他是高樹人」，眷村亦然，研究越多，能挖掘出的故事更多，而且，故事性往往會被延伸、加長、增厚。

可是，最簡單的功課，台灣始終交不出來，那就是對「自己」的論述講不清楚。文化保存的概念只停留在拆與不拆，陳啟仁教授語重心長地說，「文化景觀保存的核心沒有被談出來，總會到了某天，所有相關的人都離開了，那時又要如何跟下一代談眷村文化？」充斥對立氛圍的社會，看待事情只簡化成保存和不保存。其實更該繼續問，「決定保存，想要保存什麼？不保存，那是否全數剷除？我想，或許所有的可能性應該往中間靠攏、對話」。

當群眾各執己見，訊息理解又太浮面，一看到相關新聞，就會加深憤怒。但退一步想，我們當真都理解其中脈絡了嗎？網路世界帶來虛浮感，令重大事件資訊不斷在眼前推擠，轉瞬成泡影。這多半使人茫然——彷彿自己關注的，不也就是眾多資訊裡的一個，有這麼重要嗎？在商業上，電子媒體，是很好的傳播工具，但對知識來說呢？陳啟仁教授提醒，「要好好分清楚什麼是聽說，什麼是以為，什

麼是認為，要不然資訊會錯亂。」親自到現場去看
看，透過體驗土地，接觸土地，通過田野，現代人才能拉起
故事的線索，從浮面而片面的半空中降落下來。

那麼，可以回答何謂故事的意義了：「意義在於如果不去
講談論那些事，哪天這房子被拆，某種價值就會跟著不見。」
這麼多年來，急於國際化的台灣，或許在某一點上誤解得很
深。他者對於台灣的觀感，源頭來自我們對自身身分的認同；
進入國際社會的入場券不是我們學了誰，而是我們能完整地
傳遞台灣的文化價值。

那麼，或許先安靜地拐進一條巷弄，徘徊在一處景觀中吧，
在此，懵懵然感受其中特殊的氣質或甚至獨有的味道。黃埔新村，一
如台灣所有倖存的眷村，值得每一代從最日常的貼近，最在地的觀點，
細細碎碎，不厭其煩地交叉對話，架構起漂浪島嶼的內在風景。

吃在嘴裡的鄉愁

豆腐香腸：逢春節，眷村媽媽會提早開始做自家口味香腸，一串串掛在院
子裡曬。過去因肉品昂貴，而在香腸餡料中摻入豆腐代替，因此也成為眷
村人懷念的滋味。吃來口感較軟，多了一分清爽。亦可摻辣，增添風味。

尋親記——新村的空間基因

黃琬雯

如何有效利用「老房子」，
賦予其新機能和任務，是台灣都市更新與發展的共同課題

走入黃埔新村，就像是走入時光隧道般地，把故鄉高雄、兒時老家與留日時期的空間記憶都串連了起來，疊合並同時展現在眼前。所以這裡的每個角落，都讓我想起生命中的一個記憶片段⋯⋯

黃埔新村，與台灣其他典型眷村不同的地方在於，她不是國民政府到台灣之後所興建的眷區，而是利用日軍遺留在台的官舍，供應當時國軍大量的居住需求。這讓黃埔新村的眷舍，有了和其他眷村不同的空間特質和氛圍。另一方面，因屋齡達 70 餘年的眷舍住宅已日漸老舊、不堪居住，近十幾年來，國防部陸續興建中高層集合住宅讓原有人口遷離眷村。因此，留下大批位於都中心或市郊等無人居住的眷村空間，各地方政府企圖延續其獨特的歷史與文化意涵，並發展出多元的活化策略以保存眷村實體的空間。這也是另一個讓黃埔新村備受注目的原因，高雄市政府文化局，決定利用「以住代護」的方式，保留眷村原本「居住」的功能，並開放讓新住民申請入住、工作或經營，重新賦予這些老房子第二段的生命歷程，也是下一個故事的開始。

然而，構成動人故事的兩大必要因素，即是「人和空間」，而這篇文章則是以建築和居住文化的觀點提及黃埔新村的社區結構、日本住居、眷村住居、wabi-sabi 美學等的空間基因和其演變，期待未來文化局和進駐黃埔新村的新住戶們，能保留這些由不同時代和異文化所衍生出來的獨特基因，吸引更多社群或世代來關注這些老房子的過去與未來，並發展各種有效的活化策略和活動。

魚骨　關於社區結構

從黃埔新村的航照圖可以得知，其社區規劃
的空間結構呈現魚骨形，與上海里弄住宅同
為一種防禦性強、高密度集居的都市型社
區。目前因管制的原因，北邊臨中山東路的
牌樓是主要的出入口，沿著南北軸向的主幹
道南進，可直通底端的誠正國小大門，臨陸
軍軍官學校的東巷較窄，西邊只有西五、西
六巷能連通鄰近社區。這種社區配置的特性
為對外部部分封閉、對內則是開放，社區住
戶的同質性高（同種職業或公司）。

道路、界面、開放空間

因此，黃埔新村的住宅單元其圍牆高度，只
有一般住宅的一半（70～90cm），後來遷
入的居民為了防盜和增建房舍，有些加高了
原來的圍牆，並增添了不同的材料與顏色。
一面牆，呈現了異質文化與個體偏好的差異
與對話。另一個有趣的發現是，當外來者走
在黃埔新村裡，是被監視的，這件事情只有
住戶才知道。訪客走在主幹道和巷弄，會馬
上被聚集巷口聊天的居民發現，而身於住屋

裡的居民，也可透過葉縫和低矮的圍牆察知外來者的動態，但外來者卻渾然不知。
這種內與外空間的安排與層次，是日本居住文化的微妙之處。

接下來是社區的「開放與交流空間」，原來黃埔新村的規劃是沒有綠地和公共空
間的安排。但農曆年到黃埔新村拜訪時，巧遇回家探視的叔叔伯伯們，他們開心
地談著小時候大家一起在主幹道上看露天電影的童年記憶，這說明未來社區要舉

辦聚會或活動的地點，應是在主幹道上或主幹道旁的畸零地、廣場，社區若有商業或販售行為，也該集中管制在主幹道兩旁，這樣公共和私密、熱鬧和安靜的空間才能有所區別，不互相干擾。社區內有些完整且位於主幹道的住宅，可保留作為社區集會所，辦理各項增進新舊住民情感交流的活動，譬如：工作坊、講座和分享會，強化居民的共同意識和社區的認同感。

明暗　　關於日式家屋（＊表日文原字）

黃埔新村的住屋原型，即是常見的獨棟或雙併日式家屋，老高雄稱這類型的房子為「日本宿舍」，普遍存在於日治時期政府或私人機構、商社所興建的宿舍群中。干欄式建築（高床式建築＊），主結構為檜木樑架，撐起黑瓦屋頂，基礎和外牆為加強磚造，內部的隔間則是使用紙門（障子＊）或編竹夾泥牆（竹編網狀骨架中填充混有稻草、稻殼的土泥或石膏泥，圖四）。我出生的老家與奶媽家都是「日本宿舍」，甚至在日本留學的生活也是住這類的房子，所以，黃埔新村的住屋讓我感到無比親切與熟悉，下文列出黃埔新村住居單元共有的日式家屋基因，從外觀、界面到內部依序說明，盼能幫助新住戶了解並應用這些空間基因的特質於未來改建中。

圍牆、庭院、干欄、邊廊（塀、庭、高床、緣側＊）
穿過低矮的圍牆（塀＊）與前院，必須要走上階梯才能進入玄關，這即是干欄建築（高床建築＊）的特徵之一，這種抬高住屋的構築方式，普遍存在於東南亞諸國，

也是南島語族分布的區域，台灣原住民的原始住屋也屬干欄式住居，它的優點是對應熱濕環境的氣候，通風防潮，據說這類住宅的起源是穀倉，而日本和韓國算是干欄建築所分布緯度最高的區域。相較於日本的氣候條件，台灣更適合發展這種類型的住宅，樓地板不同的高度，同時區分了空間不同的用途和屬性，與地面同高的廚房（土間＊）和主屋之外的洗手間（御手洗＊）表示低下、世俗的；抬高於地面的，自然是尊貴、重要的空間。

繞到後院，是最令人放鬆、與自然毫無界限的邊廊（緣側＊），如果是風雅的主人，應會在後院設置池塘與種植花草、菜蔬。夏日午後，游魚與垂柳激起池面陣陣的漣漪，坐在邊廊乘涼，一本好書與一片西瓜相伴，不亦樂乎。

玄關、走廊、紙門（玄關、廊下、障子＊）

進入主屋的第一個空間即是「玄關」，這場所也是日本人對人際關係「表」與「裏」的分界，若是你的日本朋友只留你在玄關聊天，而不邀請你到他家裡坐坐，表示你們的關係還是處於一般社交或朋友圈之外，若是他邀請你到起居室喝茶的話，那你在他心中是被認可於圈圈之內、值得信任的。客人彎腰脫鞋換鞋，是一種對主人的尊敬，地板高度的變化，暗示空間場所的轉換。台灣應是日本之外，唯一使用「玄關」這名詞的國家，進入

一般台灣的家庭拜訪，也是習慣要脫鞋換鞋，雖然地板高度不再抬高，而玄關的精神與意義，已深植台灣人的生活習慣之中。

在日本人的空間邏輯中，是沒有「房間」的觀念，因為他們劃分室內空間的方式不是用實牆，而是用活動紙門或傢俱來界定，這讓室內空間可應實際需求而有彈性和變化。同一個空間，白天是面著庭院、陽光充足的客廳或書房，晚上把雨戶（在外窗之外木製的活動窗，可防颱防盜，保障隱私）、紙門拉開，棉被鋪平，就成了安靜的臥房。這概念延續至日本現代住宅設計常見的 one room 平面，荷蘭風格派建築師里特威爾德 Gerrit Thomas Rietveld（1888~1964）所設計的施洛德住宅 Schroder House，以及現代主義大師密斯凡德羅 Ludwig Mies van der Rohe（1887~1965）的作品—法爾斯沃斯住宅 Farnsworth House，均表現了「活動紙門」彈性隔間的潛力與可能性。因此，新住戶不用急著用實牆去隔開或定義每個房間的機能，而是保持空間使用的自由與彈性，讓人的活動、需求來決定場所的屬性與意義。

塌塌米、壁櫥、床之間 （疊、押入、床の間）

「塌塌米 tatami」是日本人用來計量空間之基本單位，就像是台灣人使用坪數，西方人使用平方米、公頃一樣。每塊「塌塌米 tatami」的面積是 90cm*180cm，一般房間大小約 6 疊，以此為基準而增大或縮減房間的面積。這觀念應用在住宅初步設計和未來增築，均是一種有效率的設計邏輯。甚至連房子的立面分割和系統傢俱都延續「塌塌米」這個概念，廣泛被應用在日本的空間、產品和工業設計之上。

現今黃埔新村的老屋中，還留有塌塌米的房間不多，部分因生活習慣改為木地板。房間內最令新住戶好奇的地方應是深度 80cm 的壁櫥（押入＊）和床之間（床の間＊），這尺寸是為了方便把棉被、和服收納在壁櫥裡，分為有無紙門兩種，第二代住戶通常會再加上木門，用來置物或收納，有些家屋的壁櫥深度深達 120cm，幾乎可成一個小房間了。台北青田街上的日本宿舍改建，有將壁櫥改為小孩的上下睡舖，想必是受到小叮噹（多啦 A 夢）的啓發。

在起居室中最重要的「床之間」反而是最常被新遷入的住戶拆除的地方，因為新住戶完全不知道那個角落是做什麼用的，這個由茶室文化興起，原本是用來展示陶器、掛軸與季節花草的小角落，後來演變成日本傳統家屋不可缺少的空間，其裝飾與象徵性大於實際功能。「床之間」的物品與擺設，顯示主人的美學和哲學觀，是主客話題的核心。因此，最靠近、背對床之間的座席就是主人的位置，而面對床之間，以最好的角度欣賞床之間的擺設則是客人的位置。觀看「床之間」，不能站著，而需跪坐在地板之上，用平視或仰視的角度觀看花草、器皿和書畫。窗外的景致，會因為室內環境的黯黑，更鮮明與濃郁，相對地，也突顯室內物品

的輪廓與陰影，為一種對比之美。近日，在全球化的影響之下，連日本現代住宅的和室裡，也看不見「床之間」的蹤影，但這表達日本茶室美學和待客之道的小角落，是需要被轉化、延續生命的。

窗、天花板、屋頂（窓、天井、屋根）

一棟房子舒適與否，決定於採光和通風，所以門窗和屋頂的開口之數量和位置，非常的重要。經歷了人口的過密期，黃埔新村現存的房屋其對外採光和通風都有待改善。開窗的大小、高度、位置，是由室外環境、室內傢俱尺度、使用者的需求、活動與隱私來決定，完全敞開，不一定是好的。有些暗間，可以開天窗或利用折射、間接光來補足光源。其實這種日本宿舍，在夏天不用吹電風扇或冷氣，也能自然通風、舒適涼爽，現在因為氣候變遷、室內隔牆增加，反而不能沒有空調，老房子也需要新設備來因應生活與外部環境的變化。

原來黃埔新村住居的起居室，對外都有上中下三層的開窗，底層與頂層開 40cm 高的小窗，是用來微調氣溫、讓空氣對流用的，中間層 120cm 是觀景用，但景觀通常是可視卻不可及的。而臨後院的房間，則是用紙門取代窗戶，人可以穿過邊廊到達後院，但後來幾

乎都因防盜的原因被封閉起來了，室內的視線無法穿越到戶外的景致，外面的陽光與空氣也無法進到室內，對住戶來說，是一種損失。110 號的新住戶（建築設計背景），對「窗」做了另一種的詮釋，他們把臨前院的起居室窗，改為落地長窗，恢復原來和室的塌塌米地板與傢俱，當人跪坐在矮桌前，視線可以自然地看見庭園的花草，但外面的人卻看不清楚室內的人物或物品，落地長窗分為下段透明和上段不透明，兼具遮陽和隱私的功能，為改建的佳作。

拼貼 關於眷村記憶

走入眷村，總是會見到混合了中國、台灣本土和眷村獨有的建築語彙，共同構成一面牆或層次豐富的天際線。記憶中到婆婆家拜年，家家旗海飄揚，紅大門上貼著門神、春聯和國旗的滿地紅相互輝映，紅磚牆配上土耳其綠的雅緻鐵窗，十字或印花毛玻璃窗後的廚房飄出陣陣蒸饅頭、包子的香氣。家家戶戶緊鄰地住著，眷村的孩子因此發展出自己專屬的捷徑和祕密基地，犯錯被挨罵了，還可以躲到隔壁王媽媽家搭伙與避難……。

黃埔新村的住屋，在國軍眷屬遷入之後，原本一戶的住宅面積，擠入了 3~4 戶家庭入住，所以改建、增建賦予了這社區新的密度和生活方式。原來的隱私和稍嫌寬鬆的舒適性，被熱鬧和緊密感取代，整個社區像一個大家族般的熱絡與親密，這份情感是搬離眷村的第二代住戶還持續不斷回「家」打掃、探視的原因。因為密度和時間的沈澱，不同時代建築工業的產品在改建、增建中逐漸累積成一幅幅層次豐富的拼貼畫，慢下腳步仔細去閱讀這些痕跡，便可領略這種復古與集約的美。

花漏窗

花漏窗又名窗花或漏窗，由各種鏤空圖案的窗孔排列組合而成，材料可能是磚、木雕花、陶瓷、瓦片或水泥花格。在中國原本用於裝飾牆面和點綴園林的景致，後來隨移民傳到台灣，大都用於外牆或圍牆上，兼具通風和美觀的功能。在增建後的房子，常見這種由四個一樣大小的水泥花格，旋轉 90 度排列而成的花漏窗，裝飾在素樸的混凝土牆上，讓路過的人有對窗內的風景產生無限想像。

瓷磚、毛玻璃、鐵窗

瓷磚這種材料的發明，可以追朔到兩河文明和古羅馬時期。台灣普遍將這種材料用於浴室和廚房，之後延伸到外牆貼面。黃埔新村的住屋裡，最常見的瓷磚花樣有大理石蛋糕、咖啡與翡翠綠拼花、花卉和浴室常見的彩色橢圓馬賽克，這些 50~80 年代的建築工業產品，現在已停產少見。在馬六甲老街有專門收藏葡萄牙殖民時期住宅瓷磚的古董店，台灣某些老街也有類似的二手古物店，這些瓷磚可以回收再製成新的生活物品，以延長物質的生命週期，而瓷磚美麗的圖樣也是另一個可以延續設計的創意。廈門一家由年輕人所成立的文創小店，就是利用洋樓的瓷磚圖樣來發想明信片或文具的設計。

土耳其綠鐵窗和奶油黃木框配毛玻璃，一直是深藏記憶中對阿嬤家的印象，即使後來透明玻璃普遍被使用，那種十字或印花毛玻璃的朦朧感與觸感，還是無法被抹去和取代。現今，這些生鏽的鐵窗、蛀蝕的窗框，以及破損的毛玻璃，並沒有被丟棄或消失，而是被藝術家或設計師再利用、再設計成傢俱、燈飾等生活小物。舊物，有了新的詮釋與記憶。

詩人的窗台與澡盆

西六巷 62 號的門牌告訴我們這裡曾經住過一位詩人，這不禁讓人好奇地撥開比人高的草叢，一頭鑽入這棟老屋一探究竟。屋裡有兩個小角落可以看出詩人創作的雅興，他在書房增設窗台和洗手台，還細心地在庭院做了排水的水槽，我想詩人除了寫作，還挺喜歡練字和作畫。另外浴室有個非常特別的馬賽克拼花澡盆，利用方形和長方形的瓷磚拼貼起來，邊緣的瓷磚特意選用粗糙面，澡盆裡面則是光滑地。像這種第二代住戶留下來的改建，印記了住戶的身分、喜好和生活習慣，是一種非常有意義和值得保留的註記。不是用文字，而是用空間和物品來紀錄、寫詩……。

廢墟 關於 sabi-wabi 美學

黃埔新村最吸引人的魅力到底是什麼？時間性和 sabi-wabi 的美，可能是會讓你會心一笑的答案。

人類，都有一種與身俱來的「偷窺慾」，差別在癮頭的大小，而廢墟是一個讓人的偷窺慾盡情發揮的場所。除了可以光明正大地進到曾經是某個人的家裡，藉由不經意發現的物件、角落或牆上的一段文字等蛛絲馬跡，去想像和編造屋主的模樣、喜好、生活，以及他們可能經歷的故事。雖然大部份的推測都與事實不符，但是人們享受這種偷窺、猜謎與曖昧的遊戲。而「時間性」，是造成廢墟迷人的主因，如同日本 sabi-wabi 美學的精神。往昔的美好與完全，經過時間的沈澱，呈現出一種不規則、粗糙與不完美的境界。sabi-wabi 的美是一種美學的他者，甚至有可能被歸為「醜陋」，從尋常、毫無特色或平淡無奇的事物中，讀出事物非凡之處。譬如：被白蟻蛀蝕一半的土壁上，那些毫無規則的痕跡與斑駁；或是頹圮的紅磚牆上新生翠綠的苔蘚與嫩葉。自然、生物、時間，也是美的作手。

莒城雜貨鋪

每位到黃埔新村的訪客，一定會進去探險的地方非莒城莫屬，莒城之「名」取的很妙，而且「名副其實」。結合了超現實和達達主義的拼貼美學，各種不同的建築語彙、材料和形式，在這棟房子裡有了美妙的結合，雖然違反美學和力學，卻令人驚歎於它們的和諧與平衡。不管是宮殿式的外觀，或是應該是在庭園，卻發生在室內且是被瓷磚圍構出來的洞門，甚至是利用各種窗框所拼接出來的巨大牆面，不禁讓人佩服起前屋主的創意和巧思了。

擬想 關於再生眷村

2012 年從東京回到台灣接觸到的第一份工作，就是編輯老屋新生計畫的出版物，這讓我理解到現在台灣各城市的「住居」，正面臨著一個新舊交替的階段，在二戰後因應嬰兒潮而興建的大批公寓、眷村、國宅與學校，因建築體與設備老舊、人口減少，而逐漸被棄居、拆除…。但「住居」，這種普遍可見的建築類型，卻是最能表現出風土環境、地域文化和居民生活的載體，如何有效地利用這些「老房子」，賦予它新的機能和任務，成為現今台灣都市更新與發展的共同課題。

對於「再生老屋」和「活化眷村」，重點不是要保存、恢復老屋原初的模樣，而

是讓老屋可以涵容新的活動和新主人的生活，並且讓原屋主和新居民有跨越世代、領域、社群的交流與分享。如此，新主人才會對老屋、眷村有感情，才會去愛護、珍惜並延續「人與住屋」的故事。

黃埔新村「以住代護」計畫未來的挑戰，除了住居單元和新住戶間的適應和謀合之外，如何增進「新住戶間的交流」，並建立「社區維護與管理辦法」，是下一階段必須要思考的課題。新住戶的背景與原始、第二代住戶的同質性有很大的不同，如何在社區開放空間辦理增進新住戶交流的活動，顯得非常重要，如此，鄰里共同意識和社區參與感才會被建立與穩固。目前黃埔新村的狀況還在微調與適應當中，但「以住代護」的想法，是讓人充滿期待與驚喜的。

身為高雄出生長大的孩子，對故鄉和父母親那一代的好奇與追尋，是潛藏在血液中不變的基因。這幾年一直在異鄉求學工作，但每次再回到故鄉時，總能發現高雄在慢慢地改變當中……，天氣變得更熱、建設愈來愈多，但人卻變少了。黃埔新村「以住代護」計畫，最終的企圖是將人和機會帶回家，再造記憶中的安居之所。

吃在嘴裡的鄉愁

醲茶：醲，味道濃厚之意。泡茶時，茶葉多到充滿杯中，甚至比茶水還多，是為醲茶。且喝的時候並不濾掉茶葉，隨茶水入口，咀嚼一番後又吐回杯中，這番喝法對於喜愛喝茶的眷村人可說是有滋有味，還兼顧咀嚼的樂趣。

家的容器——生活的記憶

方尹萍

家的容器
讓我們不會遺忘人與人之間單純與豐富的生活

鳳山黃埔新村見證 1940-1990 年代眷村的人事物的興衰。因眷村改建使黃埔新村一度面臨拆除危機。在市政府公告為文化景觀，定義成為法定文化資產，使得以保留。我們是否懷疑過為何要保留「黃埔新村」？高雄市文化局的「以住代護」的意義又在哪裡？保存歷史性建物或許是一個契機，在時代的變遷中，我們的生活方式一直在演進與改變。「黃埔新村」眷村規劃與當今的建築規劃差異甚大，對應空間上的差異於對照生活與情感上是否有什麼影響？在時代快速前進同時，我們需要是什麼樣子的生活型態，我們又需要住在何種「家的容器」呢？看似一件抽象無法被思考的提問，這件事卻深深影響著我們人與人之間的情感，以及人與建築之間的共存關係。我們要保護的或許不僅是黃埔新村的歷史建築物，同時也要保存珍貴，帶有可創造情感「家的容器」，讓我們不會遺忘人與人之間其實可以如此單純與豐富的生活著。

歷史記憶體的眷村空間

日式老屋中其實可以分成兩大種類別：日式宿舍，日式住宅，此兩種老屋皆以木構建築為主，在日治時期時，採用台灣當地著名的檜木與杉木來建造。日式宿舍與日式住宅容易識別與認識的差異，於日式宿舍依照日本官方制定的八等級，依照不同等級發配的宿舍從獨棟至四連棟等差異，給日本政府官員居住。種類的多元化，也造就宿舍外型各自有獨特風格誕生，其中最具有代表性與規模性的就是黃埔新

村為最佳歷史典範。相同於在黃埔新村的眷村住宅區中，可窺見當時日本人正處於明治維新後脫亞入歐的思想下，吸取西式的思維，同時引入西洋的生活型態的空間配置最明確的時期。間接影響於日治時期的台灣，建造出日式與洋式混搭的台灣和洋混搭的老家屋。時代的思想及價值觀反映在我們的生活容器 (居住空間) 之中，西方教育化的思想與生活行為，影響著空間配置關係，兩者之間如此密不可分的真實世界，值得大家一同認識與反思我們身處何種價值觀創造何種家屋。

平面圖案例說明：以 「以住代護東五巷 123-2 號」的平面圖來說明，從大門入口經過庭院，右前方洋館空間型態，入口處為客廳，並增設一處會客室的西洋風格。方便於白日在洋館接待客人使用。左側的和館，配置在不顯眼的位置，晚間可回歸日式的生活型態。

[註解]：洋館空間型態特徵：與戶外地板無高低差距，便於直接穿鞋入館內行走。和館空間型態特徵：入口處有高低差的階梯或廊道，阻隔外與內之間，誕生一個半戶外的緩衝空間，便於脫鞋和招待入口的平台。

經濟改變生活方式

在 90 年代全面西洋化的建築思維席捲台灣建築圈，同期臺灣經濟體的起飛與興盛，將歐美最新的鋼筋水泥建築技術，完美輸入台灣的各種型態的建築體上。在

以住代護人才基地第三階段（第二批）

高雄市鳳山區黃埔新村東五巷123-2號

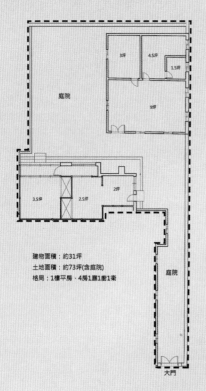

建物面積：約31坪
土地面積：約73坪(含庭院)
格局：1樓平房，4房1廳1衛1衛

大家追逐經濟發展同時，我們的居住樣式同步開始被改變。都市化的公寓至集合住宅，人與人之間的連結也產生劇烈的變化。在此時代開始無意識的將我們的生活由水平關係的集合聚落式，演進成垂直關係的單元式居住空間。如此空間生活型態的轉變，縮短人與人的空間關係的距離，但也創造人與人之間情感上疏離關係。

建築空間是生活的容器，它不僅提供給我們機能上的需求，它同時是人與人之間情感傳遞的媒介。看似一個非常單純與簡單的家，卻在經濟與商業的目標下，生活與空間的情感漸漸消逝與淡化。在有意識與無意識之間，我們似乎開始遺忘對「家的容器」的依戀與安全感。21世紀前後世界經濟劇烈變化的效應後，從一人進都市打拼的故事開始，我們的生活空間方式，2000年起爆增集合式微型單人小套房的建築量體。小小的鳥籠尺度，給予人非生活化的比例關係，人與人再被垂直分化後的小單元下誕生出一種寂寞又疏離的狀態。繼2008年全球化的M型泡沫社會轉變後，再創造出一層一戶的百坪豪宅產物，戶戶像個樣品屋般的真實又夢幻般存在。房子尺度與居住者人數已被資本主義的價值觀淹沒殆盡，目前的生活方式與品質，是否是真實適合現在的我們呢？

反觀黃埔新村眷村的建築空間規劃，平均建築物面積為三十坪左右，適合小家庭的生活尺度。另外確保家家戶戶各自獨立出入口，

以住代護人才基地第三階段 (第一批)

高雄市鳳山區黃埔新村東四巷 113 號

● 建物面積：約27坪
● 土地面積：約39坪(含庭院)
● 格局：1樓平房，4房1廳1廚1衛

高雄市鳳山區黃埔新村西六巷 73-1 號

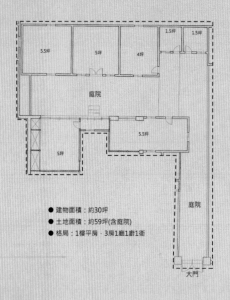

● 建物面積：約30坪
● 土地面積：約59坪(含庭院)
● 格局：1樓平房，3房1廳1廚1衛

面對基地位置大小尺寸的不同，規劃出各自不同和洋混合建築空間生活配置。各戶有自己進屋內的方式，彼此各種機能性空間也充滿不同組合的可能，每一戶人家擁有非常不同的空間相對關係與互動方式，創造各屋主營造自己生活的情趣與迎客的方式。黃埔新村眷村多元性的建築平面配置，締造多種空間配置影響出不同種類的生活樣貌，真實一比一的尺度，可以讓人在內生活與居住後創造獨一無二的生活風景。那種多元生活的美好傳遞，唯獨真正由居住及使用者才能分享與保存。「以住代護」的價值，更深層的讓我們可以真實體驗，何謂生活空間的本質。

以住代護人才基地第三階段（第二批）

高雄市鳳山區黃埔新村東五巷 124 號

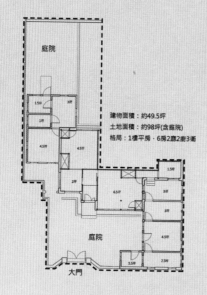

建物面積：約49.5坪
土地面積：約98坪(含庭院)
格局：1樓平房，6房2廳2廚3衛

高雄市鳳山區黃埔新村東五巷 119 號

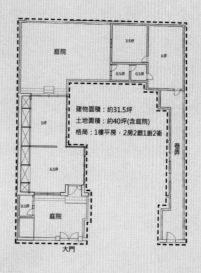

建物面積：約31.5坪
土地面積：約40坪(含庭院)
格局：1樓平房，2房2廳1廚2衛

木建築的存在

近代都市集合式住宅以鋼筋混凝土構造建構，克服各種高樓層的開發與發展方向，木建築的興建，成為稀有也罕見的建築構造選擇。地球的快速暖化效應下，大家開始意識到生態保護與能源的運用的議題，而建構一棟鋼筋混凝土構造建築物，它消耗與創造的汙染與耗能是複雜的計算式。依照隨著建築使用的年限，等比碳排放量的指數逐漸上升，從建蓋開始只算是個開頭。汙染環境與破壞生態的狀況也顯而易見。是我們該要開始重新思考，鋼筋混凝土的建築物是否適合繼續大量誕生的嚴苛環境狀態。近年來在世界上重新被探討建築材料的可能議題，木構造

建築重新被世界所認同與推舉。幾乎瀕臨絕種的台灣木建築產業及少數古蹟木建築的維護與保存建物，木質的空間創造出的空氣濕度，氣味的香氣，行走的聲音，觸碰的溫度等等。僅存不多的木建築住宅群中，黃埔新村眷村的木建築為大規模的區域性規劃，各種依照生活上的需求而再追加的建材與補強，都成為每一條街廓的獨特風景。如何真實了解居住於木建築之中的感受與美好，可以申請「以住代護」高雄市文化局的活動，親身的體驗與生活其中，許多情感與木質的溫度，方可傳述的分享於他人。

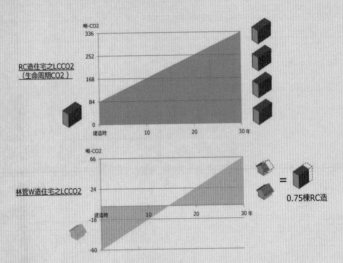

人與物，人與空間的關係

拜訪黃埔新村「以住代護」第二梯次住戶們在現場施工的現場，看見擁有現代先進改裝機械的申請者們，正在用心著療癒 (修復) 這些日式老家屋群，而在修復的過程中，因為修復者們有心的想尊重這些歷史性建築的原貌與姿態，各組人馬以自己的速度與方式，與申請到的日式老屋進行數個月的對話與交流。修復工程並非如同新建築物般可砍掉重來的隨心所欲，再確認每一隻柱子和樑的結構力與方式後，進一步檢討要如何結構補強或保持原本的完整性。每一個動作與意念，如此被細心的呵護著。哪管僅是一扇窗，細心與耐心重新檢查它的木料狀態及是否

有白蟻侵蝕。申請者的用心，完全渲染療癒能量於整個屋子之中。在申請人用心的修復工作中，也可以看見在申請者用心觀察與對待著這些日式老家屋同時，它們也正在療癒著我們。它們療癒我們的方式，是一種靜靜默默的運用它們僅有存在的姿態，連結我們過去未曾有體驗過的生活與空間風情。過去與現在的重疊出一個帶有歷史（過去）的未來。

光與風

位於在台灣高雄西南方「鳳山」，陽光充足及雨量不多的氣候特徵。炎熱的天候是此城市避免不了的狀態，而黃埔新村眷村社區中，存在千姿百態的窗，在不同的窗前誕生出光、風、人的生活風景。為風與空氣的調節，配置多種樣式的窗戶在家家戶戶之中。眷村的生活方式更趨近於融合整體生態環境條件，光與風如何進入家的容器，在木構造屋頂的特色下，上下流通的空氣層也是黃埔新村眷村的

木構造建築還能維持至今。微斜凸出的陶瓦，讓雨水落下時不會直接打在窗戶上，各庭院種植的樹種，協助遮蔽與阻礙過度強烈的陽光進入到室內。當光與風與我們的生活產生連結時，家在人與自然之間搭起一個詩意的橋樑。可容納光與風的居住空間，人與人之間的情感才開始有正向的互動與交流。

生活感的風景

黃埔新村中「眷永堂」是第一批核准申請的 110 號約 41 坪老屋，此案例為第一梯次中成功落實與使用的申請單位。申請者好室設計將其命名為「眷永堂」，保留原格局方式下打造一個有特色的老屋，除了延續歷史的紋理，也打造出充滿想像

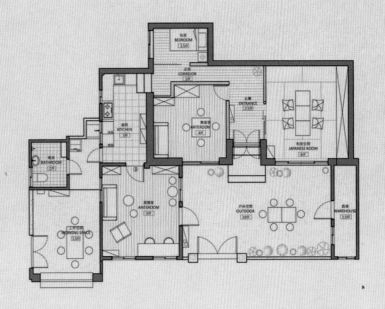

的「生活實驗室」，並積極舉辦講座、手繪、速寫、水泥等工作坊，也提供藝文換宿，多元化的配套活動於「眷永堂」內舉行，活化街廓的來訪之外，讓大眾透過參與不同類型的興趣，藉此進入至老屋體驗與感受其中。再生眷村的社區，以住代護的概念，值得推薦於真正的居住者或常態在屋內舉行活動申請者，讓居住於黃埔新村一事，不是只是空談，而是真實居住的記憶累積，生活可以簡單而美好。

吃在嘴裡的鄉愁

棗餑餑：又作棗山。餑餑意為饅頭，將紅棗鑲在麵糰上後蒸熟，看來喜氣吃來甜嘴，是過年的吉祥食物。

構築，家的想像

邱承漢

帶著對於家的情感與記憶
打造一個自身對「家的想像」

「就算旅人以為融入了一座城市的生活，
以為有了相同的生活，就能得到相同的靈魂，有著相同的感受。
但只有真正居住在這座城市的人，
才能在道別之後，回到他們的衣櫥，
那些裝滿他們從小到大穿過的衣服和舊相片簿的，衣櫥。」

—— 胡晴舫《旅人》

身為台灣這座移民島嶼的子民，我們的體內都流著一種鄉愁，一股尋找根的不安感受，甚至有時候，必須逆朔著時間之流、跳移於不同空間之中，才有機會抓到那一絲如烏雲裡閃鑠的曙光，那個給予我們熟悉安全感的，所謂的「家」。

於是我們如同旅人一般，在不斷的移動裡，找尋著藏滿記憶深處熟悉味道的那個舊衣櫥。或許因為沒有安身立命、填飽肚子的擔憂，新的世代發現自己比起上個世代，更需要在心裡擁有如此的安定感，於是不同於過往大聲唱著「向前行」、到大都會討生活的潮流，近年一個又一個的青年（當然也有許多中壯年）陸續返回自己出生的家鄉，或是情感上有所連結的城市鄉鎮，重新一段人生。

他們被媒體或大眾用「逐夢」二字定義，但對他們而言，那不只是「逐夢」如此簡單浪漫。我看見這些人在這過程裡，非常努力地，嘗試構築他們心中對於一個家的想像——在那些被時間磨損啃食的記憶裡，在那個看似熟悉卻又陌生的空間中，建構一個家，一個可以讓自己安定成長的，實質上也是心理上的，家。

然而我認為這件事無法用一種概括性的事實來說明或代表，因為每個返鄉的人多少都有所不同，他們的動機不同、作法不同、想像也不同，於是只能靠著一個又一個故事的累積堆疊，才能逐步描繪出它的輪廓。於是我想聊聊幾個故事，關於一群來到鳳山眷村、試著承接幾代記憶，構築自己心中對家的想像的人們，的故事。

從「遷移到某處構築一個家的想像」這層意義上來看，我是他們的一份子，但也僅只是這個群體中的一份子，無法代表他們，只是我想故事還是先從自己說起，一切會簡單得多。

家是承接：
在外婆的起家厝，縫製屬於她和我的叁零 / 捌零年代

沿著高雄港的牌樓筆直而入，那是依著愛河、傍著壽山，時光彷彿在此凝結的老城區。在那裡人們依舊過著三、四十年前的生活，晨間運動後到傳統市場買菜，接近中午拉起鐵門開始做生意，商場依舊播放著臺語或日語老歌，炎熱的高雄太陽從頂上鐵皮的長方形開窗中射入映照著老舊的地面，散發著一股懶洋洋的氣息，

但在這當中卻有著都市裡少有的人情味，人們抱著孫子在附近商家中串門子，老客人上門寒暄著誰家的女兒要嫁人了，暫時回到鄰近家裡煮飯於是由隔壁鄰居幫忙顧店，那些種種拼湊著屬於一個老城區的美好，儘管在經濟上的意義是沒落，但在傳統的價值上卻彌足珍貴。

那是高雄塩埕，我童年時期長大的地方，這個地方蘊藏了我童年所有的快樂記憶，也蘊含了我對一個家最基本的想像：透天厝、老鄰居、市場雜貨、冷飲小吃、熱情鄰里，更何況，這裡多了一個家族的記憶。

位於塩埕崛江商場的正對面，外婆在五零年代創業開設「正美新娘禮服公司」，那個代表了她一輩子人生的事業。正美禮服在 1980 年代來到高峰：各大飯店走秀、三台節目邀約、從台灣各地特地前來的新娘；外婆說起哪個時代，依然洋洋得意、春風滿面。而後由零售門市轉型為設計代工，改以出口至歐美市場為主，原本位於五福四路的空間也不敷使用，於是搬遷到鄰近大樓，而這個於 1975 年改建為水泥建築的透天厝，也自此閒置。

一方面擔心小時童年回憶隨著房子拆毀或改建而消失，一方面也希望能回到那個擁有家的想像的塩埕做些什麼，於是辭去台北工作回到高雄，將「正美」修整為「叁捌」，那個串連外婆叁零與我的捌零年代的空間。面對這龐大的建築物，開始有點不知所措，幸而建築師建議：「如果還沒有想法，第一步就先從拆掉部分的木作裝潢，還原原本樣貌開始，因為這麼一來，房子就會開始說話。」

多數五、六十年屋齡的老房子，總是被一代又一代的住戶，覆蓋上天花、加上鐵皮、鋪上塑膠地板、安裝木作隔板，試圖用一層又一層的東西掩蓋住房子的本質，或許在過去的時代背景裡，總有「需要妝點些什麼才像樣」的觀念，於是如同女性不喜歡素顏見人一般，需要撲個粉、加點口紅，以免別人覺得沒禮貌，也以免自己沒自信。

但我們要做的，卻是把這些妝點的東西先拿掉，直視房子本來的樣貌，開啟與它的對談，然後，你就會有想法了。這是我個人微小經驗裡，覺得最重要的第一件事。

了解原貌後，房子開始說話，各種想法也不斷湧入，於是我們開始動作：打掉許多樓板製造出天井，讓光與風開始在屋子內流動；讓部分水泥如舊維持最原本姿態，也加上許多新的功能性結構，如樓梯、隔間等，以符合新的生活需求，如此房子才能再往前走另一個五十年；並且在這些存舊添新的過程裡，悄悄而小心翼翼地藏入對塩埕與正美的記憶：大小五金、巷弄天光、紅磚水泥、網紗花紋等元素，讓未來在叁捌活動的人們，有機會透過這個空間，與鄰近的社區對話，與過去的故事連結。

儘管，在有些人眼中部分角落過於老舊殘缺，在另些人眼中卻又認為某些煥然一新的添加太過可惜，但這些建議只能笑著吞進肚裡，因為總是只有自己心裡最清

楚，這是在情感拉扯下所呈現的最終結果。而在存舊添新的過程裡，第二件事，是最難也最掙扎的，便是「取捨」──關於新舊比例的拿捏與新舊材料的處理。因為割捨的不止是物件，還有情感跟記憶，但要跟著這房子往前走另一個五十年，卻又不得不為。

我們著實花了好多時間， 討論這個牆面要不要重做、那面磁磚要不要打掉，除了邏輯的建築論述、主觀的空間美感， 對我而言，更多的是情感上難以割捨的依賴。因為有太多東西是回憶，很害怕一個決定後，什麼都不見了。

「早知道這個牆留著就好，打掉之後整個空間變好怪。」

「哇～ 漆上這個顏色後，磁磚的舊質感反而突顯，幸好有漆。」

「這個燈我好想留喔，可是它在這個空間好怪…… 算了算了，先拆下來吧。」

「不行！以前廚房就是這樣的氛圍，換成新的流理檯面就不對勁了。」

於是，我們不斷地在內心裡爭辯與掙扎著，也不斷嘗試並在錯誤中學習， 然後，走著走著，到了現在的這個模樣。我喜歡現在的參捌，雖然它並非完美，但跟多數人一樣， 它很有個性，承載了一些過去繼續向前，也換上了些許新衣增添風味。而且，這樣的狀態，會持續地往前進化，那才是參捌這房子擁有生命的真實性。儘管每間老房子的地點、故事、年紀、空間、個性均不同，但上述的兩件事我相信是大多數整修老房子的人們有的共同經驗。我們在還原，對話，取捨，累積之中，讓每一棟老房子有了新的生命，在他們裡面添加了自己的故事，更重要的，是承接了我們對於一個家的想像。

黃埔眷村《以住代護》的新住戶們，也都是如此：帶著對於家的情感與記憶，來到這個存有濃厚歷史與特殊氣息的眷村，用三年時間，打造一個自身對「家的想像」。於是希望透過三個不同住戶的故事，讓我們可以從「家的構築」開始，理解他們對於黃埔眷村的家，以及未來在此生活的想像風貌。

家是分享：
給隱藏的他者們聚集互動，做回自己的地方

門口隨風飄揚的萬國旗，為眷村增添一股新奇的氛圍，屋內工程依舊進行著，木工師傅忙進忙出，但從整個空間的格局已可看出未來雛形。瑋媽迎面走來招呼，如灑入屋內的陽光一般熱情。

L 型的庭院包圍房舍，內部分成兩個空間，一邊是開放式的木板空間，另一邊則是一張大桌子，連結著廚房與外部庭院。這是由瑋媽跟女兒，還有女兒的同學三人組成的新住戶，是一個 NGO、非洲鼓，及劇場合一的奇妙組合，但主軸卻很明確：提供「那些隱藏的他者：新移民／移工」一個休閒聚會之所。過往的眷村以此為主，乍看突破想像藩籬，細想卻也不覺奇怪，當眷村是過往移民前來這座小島的聚集生活之處，用作新一代飄洋過海的移民生活聚集之所，也是一種概念延續。

瑋媽幼時雖未住在眷村裡，但中壢的家附近就是一個聚集許多雲南人的眷村，「那時我們常常會去那些伯伯阿姨家玩耍，也因為媽媽常去串門子，所以我們家有口福吃到道地口味的雲南菜」。或許是這樣快樂的童年回憶，逐漸形成瑋媽內心對於眷村的特定情感。

除了女兒本身就對於東南亞移工的議題相當關心且投入其中外，過去在醫院照顧高齡病患的工作，也讓瑋媽常與醫院裡照料老人家的移工有所接觸，「我們對東南亞移工有太多的耳語及既定印象，所以我們怎樣創造一個環境，讓他們可以回到自己身上，很良好的去跟他人互動，這也是一個家應該要扮演的角色。」於是

瑋媽跟女兒決定將東南亞廚房、菜園，劇場與舞蹈教室等概念放入眷村空間，作為他們集會的活動場所。

要動手處理這麼大的房子，把這裡打造成合適的空間是個不簡單的工程，但負責空間規劃的瑋媽樂觀而正面，在她眼裡這個房舍的每個角落「都很棒，我都想要保留下來。」但礙於現實考量，還是得有所取捨，「於是我們先開始像剝皮一樣，仔細地將房子一層一層地剝開。」

她們找來專門整修眷村的工班，因為有經驗，所以懂得在每一個步驟停下來詢問討論，再繼續進行，在這樣的過程裡他們發現許多過去生活的痕跡都還留著，那些塑膠地坪背後的木板、天花上面偷藏的木料等等，於是他們開始從中去揣想這些不同住戶的生活樣貌，也希望能找到過往的住戶回來說說故事。

但究竟該怎麼走下一步？「房子是主人，所以我常常會跟房子講話，由它來告訴我。」瑋媽說，於是他們打開一些窗，讓陽光進來，用很多的木頭、再配上布面材質，讓空間柔軟一點。至於原本的樑跟土牆則全部維持著，甚至用玻璃讓一部份的土牆露出，「因為土牆每天會崩掉一些，我們希望讓大家看到這樣的過程，這才知道這房子是有生命的，而且每天呈現的風貌都不同。」

儘管盡量放慢步調，依然有些決定下得太快，例如瑋媽就對於新的天花板就抱持些許遺憾，因為太過新穎與跟後來整體空間沒有那麼一致與合適，但樂觀如她，也安慰自己人生就是這樣，而這也是整修房子所學習到的事情。

「小時候對我來說，有爸爸在的地方就是家。」 我們坐在那張瑋媽最喜歡、代表一家中心的大桌子，啜著熱茶，想像這個空間未來進出的人們：那些帶著回憶回來的舊住戶訴說過往、新一代移民在廚房做著懷念的家鄉味並分享，另一邊有著瑜珈課程與劇場活動進行著。或許瑋媽沒有說出口的是「所謂的家，是那個沒有分你我也不分身份的地方，是那個因為分享而讓更多人聚集的場域。」

家是鼓勵：
給那些受挫的人們，一個用雙手創造價值的可能

走過窄短通廊來到小小的前院，左邊是一座兩層樓的水泥矮房，穿過前方一樓的傳統木造平房，後院諾大的花園在眼前展開，花草樹木朝氣蓬勃地向我們打招呼，站在這庭園獨力一人整理著的，是有著南方在地氣息的開朗女孩，琇雯。取「骨力」為工作室名稱，與她的人生哲學一樣，琇雯相信凡事勤勞努力就能達成目標，也希望這兩個字能用在生活上，勉勵自己用心好好生活著。而這裡，就是能踏實實踐她人生哲學與夢想的家。

「有了自己的家，心就會安定下來。」她放下手邊工作這麼跟我說。入住黃埔前琇雯仍與父母同住於一棟三層樓高的透天厝老屋，那是父母打拚買來的第一個家，也形塑了她對一個家的嚮往。唯一美中不足的是家中所有房門都要保持敞開，儘管因此成員間關係緊密，但相反地在家裡沒有隱私，不管做什麼也很容易被打斷；加上身為么女，媽媽更是相對保護，於是屬於自己的空間 --- 不管在實體上或內心裡的 --- 也就越來越被壓縮。

「我一直很想要有自己的空間，自己的家。」琇雯說起自己想像的家，因為從小跟喜歡植物的舅舅很親，因此接觸很多植物，所以第一件事就是應該要有一個大院子，然後有一間平房，要足夠大讓很多朋友能在同一個平面裡互動；更重要的，一個擁有中島的廚房，讓朋友一起來煮食分享。

於是當琇雯為了申請《以住代護》來到黃埔看房子時，「天啊！這裡就是我夢想中的地方！」看到這些屋舍時心裡冒出這樣的聲音，也絲毫不猶豫地提出申請。儘管最後落腳處並非她的第一選擇，但樂觀的她選擇順著生命的安排走，「哈哈，其實現在這間反而讓我有賺到的感覺。」琇雯對於現在這間房子越看越對眼，甚至覺得當初怎麼沒有發現，而房子的美，也在她慢慢整理與細細照顧下，光彩逐漸綻放。

相較於其他申請者都有夥伴或是請來專業師傅幫忙，這裡多數時候只有自己一個人整理是否會比較辛苦？「不會啦，人生就是要骨力(台語)啊！」她笑著回答，並說起相較於家裡的成員，她是家裡唯一比較衝以及有熱情的人，「我家人都比較胖，大多數能躺就不會坐。」她開玩笑地說道，但也因為她的堅持，讓家人的態度從原本不相信，到擔心反對，一直到現在甚至覺得驕傲的巨大轉變。

但骨力如她，整間房子還是有讓她很傷腦筋的地方 --- 那就是最迷人卻也最難整理的院子。「真的動手做才知道，啊！這就是古人所說的披荊斬棘，真的有這樣的事情誒。」她苦笑著說，既使有著將吃苦當吃補的人生哲學，這個整理工作也常讓她叫苦連天，但意外的收穫是因此體會到植物強韌的生命力，也發現生活中原來有很多細微的事情過去並未注意到，例如每天都會發現從沒看過的小草、昆蟲

等，也開始改變自己看事情的觀點，更加留意生活中微小美好的事物。而整理出雛型的院子，也呼應著她的用心，每天都上演不同的美好劇情，於是這個她暱稱為「小劇場」的後花園，也成為這間房子裡私心最愛的角落。

幾年前琇雯曾發現身體有某些異狀，於是決定在進一步治療前出國一趟，「如果回來生命無法再繼續，我希望至少要去美國一趟，那是我的夢想。」回國治療後身體順利康復，也讓她想把自己的理念跟熱情傳達給大家：希望周遭的人不再只是窮忙，而是能好好實踐生活。但過往被家人過度保護的她，卻總是對自己非常沒有自信，「能申請到黃埔眷村，對我的人生非常重要，因為這件事給了我非常大的信心，也讓我相信只要努力總會有好的回饋。」說這句話時，儘管有些害羞，卻能感覺到從她眼中流露的無畏無懼。

琇雯平常喜歡手工藝，更喜歡以別人用過的二手物品做創作，這個讓看似沒有價值的東西透過自己雙手重新創造些什麼的過程，也像對自己的期許一樣：只要努力，就一定能改變些什麼，只要換個想法，價值就會被創造。因此，琇雯希望未來這個空間不只要讓人骨力，也可以鼓勵別人。因此，她希望那些在人生中遇到挫折的人，都可以來到這個空間，透過雙手重新做些什麼，來拾回一點信心，因此失業的人可以來、聯考沒考上的人可以來，那些生活中受挫的人都可以來。「在這個空間裡我想傳遞一個訊息：『我都可以了，你們一定也可以，我們可以一起在這裡做些什麼。』」她堅定地說著。

儘管一個人整理房子的進度稍慢，但曾經有位來幫忙的外國朋友告訴她：「Don't fix the house, just fix the heart. (要整理的不是房子，而是你的心) 」於是她也

學著讓自己的心情放鬆，更加享受這樣的過程，「我希望整理這個家的同時，也能整理自己。」看著開朗而骨力的她，我相信這間房舍會創造的，不只是一個空間，也包含一個家的嚮往，更包含一個大女孩的人生。

家是自己：
找到自己，讓自己成為別人黑暗隧道裡的光

推開紅色大門，這間有著特別格局的房舍，斜斜的隔牆讓它與隔壁鄰居間以一種微妙的關係共處著，部分空間與隔壁共用屋頂，雙方以一種若有似無的共生方式共處一個屋簷下。新住戶蘭芝正有點傷腦筋地與工班討論著關於與鄰居共用的遮雨棚、以及鐵皮屋頂的顏色，「我喜歡現在鐵皮的淡綠色，但後來才發現那是油漆調不出來的顏色。」

但蘭芝就是喜歡那些經過時間沖刷與刻畫後才能呈現的色澤，例如紅色大門。「紅色大門是我選擇房舍的必備條件，因為我覺得那是我對眷村最深刻的記憶聯結。」於是她選擇了這間有著斑駁褪色紅色大門，以及一個完整前院的房舍，再加上身為少數一個人申請入住的新住戶，小小空間的反而適合，房間壁櫥的超寫實魔幻感更是加分，「我第一眼看到這裡就很喜歡」。

對於紅色大門有這樣的堅持，那是因為蘭芝與眷村及軍旅生活的淵源深厚，她出身於軍人世家，從外公、父親、到舅舅都是軍人，在眷村住到小學二年級才搬離。甚至在大學念完環境工程系畢業後，她也在父親的建議下投入軍旅身涯，「因為

父親覺得這樣可以照顧到我，」她說「於是我便去報考女性軍官班。」四年的軍旅生涯從總部到野戰部隊經歷了許多事，退伍後則改到工研院工作，並在新竹結婚生子成了家。

過去總是採納父親的建議而很少有自己的想法，但因為父親的一場病，也讓蘭芝開始思索未來、思考自己。

「到了四十歲這年紀，孩子也大了，當家庭責任可以慢慢放下，到底自己想要做什麼的念頭就會出現。」此時，因為蘭芝開始需要常常往返新竹與高雄照顧父親，在閒暇之餘開始接觸獨立書店，尤其是高雄的三餘書店給她很大的影響，甚至可說改變了她對於家的定義，「那陣子到三餘看書反而變成回高雄必定要做的一件事，因為有一個空間就是一直在那邊等你，不會消失。」

這件事的重要性，在父親離開後，更是凸顯。「父親走了之後，我們高雄的家也搬了，那個家的感覺消失了，傳統上女兒回家的第一餐就是團圓飯，但現在回到高雄，已經沒有家的感覺。」但幸而有三餘在，一直有一個可以回去的地方，也讓蘭芝的心情因而覺得穩定。

於是，她慢慢清楚自己想要做什麼。那就是為自己在高雄重新打造一個家，也打造一個給別人安穩感覺的空間：「我希望有一個空間也能給他人這樣的陪伴，如同黑暗隧道裡的一盞小燭光。」此時小時候對於眷村的回憶驅動著她，於是蘭芝一邊著手「戀戀紅色大門」計畫，另一邊則申請黃埔新村的以住代護計畫。

但剛成功申請到時卻不如她想像中的美好，「其實一開始，我覺得這邊好像不屬於我。」既便已經簽約，因為部分日子還是得要待在新竹，地理上的距離讓蘭芝無法產生這間房子屬於她的安穩感。甚至剛開始每天起床還會自問「我真的要做這件事嗎？」蘭芝說著她曾經歷過的猶豫過程。

但慢慢地，當她真正動手整理房舍後，便開始產生踏實感也不再猶豫，房子本身也常以驚喜回禮，例如原本因為經費考量不敢拆掉的天花板，在決定拆掉一小塊觀察時，從屋頂上掉下來一坨草，原來是過往曾有小鳥在裡面築巢，蘭芝欣喜下決定整個拆掉露出上面木樑，「幸好做了那個決定，我非常喜歡整個屋頂展現原有樣貌，這樣的事情常發生，但就像抽福袋一樣。」蘭芝說，那也是開始做自己後，過往所沒有機會體驗到的驚喜。而自此之後，蘭芝也開始相信這個空間本身就很迷人、讓人感動，所以她要做的只是怎麼樣讓房子的本質更完整地被呈現。

由於房舍空間不大，蘭芝只留了那個有魔術感壁櫥的房間給自己，其餘的空間都希望開放，透過書與故事的分享，讓前來的民眾不只是拍完照就走，還能多一點互動與停留；並在客廳設置沙發，希望未來有長輩在眷村出生的朋友帶著他們的父母回來坐、聊聊往事。「眷村在我們這一代仍有記憶，但下一代可能就此消失了，我希望這樣的感動可以傳遞下去。」於是她認為不應該只是保留、記錄與研究，而是要懂得如何去應用，否則那些努力都是白費，「記憶是跟著感動產生的，要讓自己成為營火去點燃別人的感動，再讓這些人把火帶出去影響他人。」

曾經離開高雄這片土地，但它在某些時刻的陪伴，卻佔了人生很重要的份量。選擇回到高雄入住黃埔新村，對蘭芝是返鄉、也是一個家的重建，但我更認為這是蘭芝找自己的一個過程，整理空間只是一個實踐的手段，找到自己並忠實地呈現，才能讓這裡成為她想像中真正的家。

以各種家的想像，承接一座眷村的記憶

儘管三個住戶的故事不同，但我們卻也看見了一些共通性，她們在與房舍互動的過程裡，其實也都在尋找自己、尋找心裡對於家的記憶，並試圖在此落地生根、構築一個對家的想像。

在這樣的時代裡，每個人都在尋找那個讓自己安定的地方。而我們在黃埔新村看到了新一代住戶的進駐，為這個充滿回憶的地方帶來一些新的故事，我們也期待並見證著這些家的想像投入之後，能產生的化學變化，對於這個眷村、這些房舍，以及他們自己。

吃在嘴裡的鄉愁

衝菜：又作沖菜、嗆菜。以冬季盛產的芥菜醃製成，味衝而得名，吃來下飯。

第二部

新與舊的交替。

共存「專訪老住戶與新住戶」

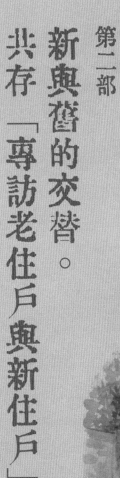

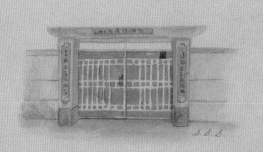

從迷霧到破曉

楊晴惠

歷史的軌跡，
就這樣兜兜轉轉，接成了一個圓

進入鄧宅，首先映入眼簾的，是滿牆的照片，有江南水鄉的思念、黃埔新村拆遷前的空照圖，也有數十年間不同時期家族的合照。這面牆，彷若另一種形式的族譜，在鄧伯伯離開黃埔新村後落腳的這棟新居大樓中，串起了鄧家的歷史。

我們的黃埔記憶之旅，就是從這面牆開始的。鄧伯伯指著每張照片一一敘說來歷，最後指著正中央的黃埔新村空照圖說，我家非常顯眼，一目了然。凝神一看，果不其然，當年的鄧家庭院種著鮮紅的花卉，由空中看下去，綻放的豔紅，特別醒目。

由南進基地到
誠正新村的歷史的迴圈

與鄧伯伯的談話，就像在看一本大時代小說一樣，牆上的照片為引，如同序章，而由鄧伯伯父親留下的證件、資料、授命書、證明文件等寶貴歷史史料開啟的往事追憶，則將我真正帶進了那個飄搖動盪的時代，與甜苦交織的黃埔新村歲月。黃埔新村，過去曾被稱作誠正新村，位在鳳山陸軍官校旁。陸軍官校在日治時期為練兵場，而黃埔新村則是緊臨練兵場的陸軍官舍，二次大戰結束之後，首先由孫立人麾下部屬及軍眷入住，之後又陸續搬進許多不同部隊單位的軍眷。雖經過多次改建增建，但由建築輪廓仍可以看出當年日式建築的風采。

黃埔新村這個區域最開始的發展，與日軍當年的南進政策息息相關，這一帶除了練兵場、彈藥兵器等軍事用倉庫，附近的鳳山無線電所在日軍南進時期更扮演了通信、情報、指揮上的重要角色，而黃埔新村這一片後來成為眷村的官舍建築，當年亦歸屬於軍事備戰設備的一部分。鄧伯伯說，當時日軍南進的軌跡一路沿著臺灣，往菲律賓、印尼、新加坡、緬甸前進，而孫立人的部隊，最初在印度接受美軍訓練，為所謂的遠征軍。遠征軍後來反攻緬甸，擊敗在緬甸的日軍，也阻止了日軍南進的路線。二戰結束後，孫立人率領的新一軍前往東北與共產黨作戰，再輾轉來到臺灣，因為鳳山區域在日本南進政策時建設的設備及場地都很完整，故決定在此落腳成立第四軍官訓練班，訓練新軍。日本軍的軌跡與孫立人部隊的軌跡，就這樣兜兜轉轉，接成了一個圓——以黃埔新村為起點，也成為最後的終點，這或許也可以說是歷史迷人的偶然性吧。

漂浪島嶼眷村情

談起黃埔新村的過往，總是很難不談到孫立人。孫立人的部隊是戰後最早來到此地駐紮的一批人，其中也包含時任第四軍官訓練班大隊長的鄧伯伯的父親。而黃埔新村的舊名誠正新村，也是由孫立人命名而來，淵源頗深。

過去有些關於黃埔新村的口述歷史資料，都提到孫立人的部隊落腳鳳山之前，曾在東北作戰，因此部隊中有些人的配偶為日籍女子，這些配偶隨著軍隊來到臺灣，成為眷村的一份子。因而我忍不住好奇詢問，當年的眷村難道沒有反日情結嗎？鄧家人告訴我，老一輩的眷村人，的確常有強烈的反日情緒，年輕一輩第二代、第三代的眷村孩子，有些人承續了那些想法，但也有一些年輕人，覺得長輩與日本的紛爭已經隨著時光沖淡成過往，加上過去每日生活在那個傳說中古老的日本年代遺留下來的建築體，因此對日本沒有太多負面情感，甚至覺得日本帶有一點古舊的神祕感。然而不管是懷抱著憎恨或者未知，這些情緒都未及於這些當年飄洋過海來到眷村的日籍配偶，她們就這樣奇妙的融入群體中，成為隔壁的王媽媽，或者對街的李奶奶。這也是眷村文化的特性吧，不同的地方的人，漂浪到這個小小島嶼，天南地北，操著不同的口音，成為同一個群體。

眷村的情感是細緻緊密的，或許有點像早期的農村社會，彼此互相幫忙扶持，雖也免不了有些家長裡短的紛爭，但遇到重要大事，總有人會幫你一把。鄧伯伯回憶，某一年隔壁鄰居爺爺驟逝，鄰居深夜拍門求助，於是鄧家連夜總動員，不僅鄧伯伯的母親徹夜幫忙趕製壽衣，鄧伯伯也幫忙燒紙錢祭拜。遠親不如近鄰，說的或許就是此間情景。鄧伯伯的兒女在旁邊跟著補充道，以前要判斷訪客是不是外來者，最快的方法就是觀察對方是否按門鈴，因為以前在眷村要拜訪左鄰右舍，通常都直接扯開嗓子用喊的，門鈴使用率極低，

如果看見有人正正式式的按門鈴，十之八九不是郵差就是外來訪客。

平時彼此喊一聲、打個招呼就能自然進出；去鄰居家玩耍，天色晚了父母隔著牆喊人回家吃飯，這些都是日常生活再普通不過的一幕。許多眷村的孩子，直到離開家鄉，才發現原來這種情感聯繫是如此的特別，溫暖又令人無比懷念。

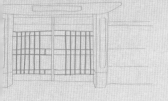

迷霧年代

然而，雖然眷村這個特殊空間，能將東北豪邁性格與江南水鄉
細膩、甚至大和內斂風情巧妙的融在一起，看似充滿人情的溫暖，卻也
不是全然的光明平和。

黃埔新村中，許多早期入住的住戶皆為孫立人舊部，1955 年孫立人案發生之後，
許多家庭都被捲入其中。對當年許多居民來說，孫立人案不是一紙寫在報紙或書
本上的蒼白文字，而是某個村子廣場放映著電影的夜晚，親眼目睹孫立人案重要
關係者郭廷亮的妻女，被憲兵當眾帶走；或者是深夜臨時盤查的急促敲門聲；亦
可能是仕途上一輩子揮之不去的陰霾。

在鄧伯伯的回憶裡，身為第二代的他，很少聽父
親提及孫立人案的相關過往，但他父親曾告訴孩
子們，其實自家是長期受到監控的。對於父親的
說法，鄧伯伯原先是半信半疑的，畢竟眷村中人
際關係緊密，街坊鄰居一直以來相處愉快，實在
難以想像每日親切溫和招呼的某個鄰家長輩會是
監視者。直到近年檔案陸續解密，鄧伯伯讀到檔

案資料上對自己家庭的監視報告書，才明白過去父親所說的真實與無奈。在那個
白色恐怖的年代，孫立人事件對黃埔新村來說，就像是無法驅散的迷霧，朦朧，
但卻一直存在。或許也因為這樣的成長背景，使鄧伯伯的內心滋生了一些叛逆的
因子，從而影響了他後來不甚平凡的人生。這，又是另一個故事了。

過往與新生

鄧伯伯的黃埔記憶帶著歷史的刻痕與時代的愁緒，而鄧家一雙兒女的黃埔故事，則多了許多的歡樂。黃埔新村旁的誠正國小是大家童年共同的回憶，從學校裡的大象溜滑梯，到各式各樣的校園都市傳說，兩個人就像打開話匣子一般滔滔不絕，讓正在憶往舒懷，回顧「誠正」一詞典故的鄧伯伯也不得不停下來，無奈地喊著：「你們先聊吧，聊完我再繼續講。」對鄧家第三代、從小在黃埔新村成長的兩個人來說，「誠正國小最早建校時的教室是馬廄改建的」這樣的困苦回憶就他們而言十分遙遠，但有關學校過去疑似是刑場、聽說曾經挖出過骨頭等各種各樣的怪談，卻是求學期間玩伴間熱衷的話題，時至今日仍然記憶深刻。

與鄧家人談話充滿樂趣，特別是聽著不同世代對同一件事所擁有不同的回憶和感受，反而讓人認識了黃埔新村更多的面貌。如今的鄧家人分散在島嶼各地，各別從事著不同的工作，然而假日歸家，一家人並著兩條狗、一隻貓，熱熱鬧鬧，家族情誼依然深厚。由於拜訪之時將近年關，談話尾聲，我們好奇的詢問起他們的年節計畫，於是年輕人組興致勃勃地翻出過去紀錄的各種年菜照片，與我們分享他們家過年桌上特別的各式料理，特別是少見的湘鄉蛋糕，引起滿場興趣，鄧伯伯也不甘示弱拿出準備好的特製臘肉，展示他們獨門祕方的成品，更加挑起大家對他們家豐盛年菜的好奇心。那麼這些特殊的故鄉菜式是否有傳承下去呢？鄧家小女兒神采飛揚的笑容，給了我最好的答案。

即使早已離開黃埔新村，天南地北各自奮鬥，但就如同鄧家牆上掛的一幀幀照片一樣，不同的地點總可見相同的笑容，家族的情感，並不因為時空而受到影響，畢竟不論走到哪裡，有家人在的地方，就是家。

湖南臘肉、豆腐乳、特殊口味的湘鄉蛋糕，是故鄉傳承而來的新年的滋味；陸軍官校的起床號，在過去住在黃埔新村的每日，象徵著一天的開始；每周趁著空檔回到黃埔新村走走看看、餵餵貓，是因黃埔新村改建而搬離後的日常。那麼未來呢？我問鄧家是否想要再回黃埔新村，重建那個繁花盛開的庭園？鄧伯伯笑著搖搖頭，說他覺得現在這樣就很好了，畢竟眷村改建是不可逆的，但卻是可以延續的。過去的黃埔新村，有著與其他臺灣各地的眷村相似的風景，然而隨著以住代護計畫的展開，新的住戶替這片家園賦予了許多新的樣貌，這些是他過去想像不到的，也常常讓他充滿驚喜。因此，未來的黃埔新村，隨著以住代護的計畫持續執行，會如何發展？鄧伯伯說，他其實沒有特別的設想未來的遠景，卻十分期待接下來的變化。

吃在嘴裡的鄉愁

湘鄉蛋糕：湖南人特有的年菜。有別於西式蛋糕，以地瓜粉和瘦肉混合做成，並敷上一層蛋皮，蒸熟後，切成塊狀，可加入雞湯裡頭煮食。

生活・延續・戲木作

楊晴惠

有人，有活動，才能讓建築的生命得以延續

文獻中日治時期南進政策下的陸軍眷屬宿舍，以及夾雜著大時代動盪回憶的眷村住戶口述歷史，是我對黃埔新村的第一印象，新奇、陌生，且朦朧。

因為已知這裡有整片日治時期遺留的房舍，最初我對此的想像是充滿濃重日式風情的官舍建築群，但在實際踏入這個空間後，入眼的卻是迥異於想像的景色。黑瓦，煙囪，房舍的輪廓隱約可見和風，但以水泥為主體的建物，加上或許因經過數次改建而形成的樣貌，又掩蓋了它原本的建築規律，產生了新的紋理，也沖淡了日本味。

曾看過某一棟外觀看起來有著高聳煙囪的房子，走進室內卻完全找不到煙囪的影子，仔細比對才發現，原來在改建的過程中，過去的通風口已被封入牆中。類似這樣由新的居民為了因應生活需求做出的種種改建，在探訪黃埔新村的過程總能帶給我許多驚嘆。日治與戰後，兩種不同的文化在此交會，形成層疊的地景，卻明確的讓人感到一種生活的歷史。如今隨著以住代護計畫的展開，計畫申請者陸續進駐，過去遺留的樣貌又逐漸添上新的色彩。

以木工結緣

以住代護計畫替黃埔新村迎來了新的居民，某個冬日上午造訪的「戲·木作」木工三人組，就是第一期計畫入住的住戶之一。

公務單位退休的彭大哥、現職平面設計師的瓊心，和過去念電機、現在主業裝潢的哲宇，三個年齡背景迥異的人，最早結緣於環保局與勞工局合辦的木工班。他們回憶當時參加的木工班帶有職業訓練的性質，因為報名者眾，名額十分搶手，還採取抽籤和面試等方式進行篩選，因此三個人能湊在一起，也可以說是一種緣份。

因為興趣開始接觸木工的三人，又是什麼樣的機緣，促使他們在木工班結業後，在黃埔新村再聚呢？他們說，最初的想法，單純是期望能有個不用擔心打擾到別人的施作木工空間，也希望同好們彼此能夠資源共享，一起使用各種機械。

木工的施作過程會發出很大的聲響，對居住在都市人口密集區的一般民眾來說，一個適合施作的環境是很難尋的。彭大哥說，未申請入住黃埔新村前，只能利用自家頂樓空間，或者關在洗手間裡，趁白天作業，以降低工程產生的噪音對左鄰右舍的干擾。「我們還有同學因為這樣被叫去警察局喔！」三個人你一言我一語的笑著補充。原來當時他們木工班上有個同學，因為在家施作木工的噪音太大，數次被鄰居投訴，最後還進了警察局。正好木工班有個朋友看到黃埔新村公布了以住代護的計畫，就建議有空間需求的同學們可以申請這個計畫，而這，也成了三人組入住黃埔新村的契機。

「那麼那個進警察局的同學有參加你們的計畫嗎？」我忍不住詢問。「沒有耶！剛開始雖然有一起討論，但最後來這裡的就是我們三個人，他應該還在家裡施作吧！」

「他可能決心繼續跟司法抗戰吧！」瓊心半開玩笑的神結論讓滿屋子的人笑翻了。

裝修大挑戰

以住代護計畫的第一步，是要將入駐的空間整理成能夠居住生活的狀態。為了確認申請者對空間利用的想像，提交審查資料時皆要說明整修規劃，並在入住後依照申請時的計畫進行整理修繕，這對不熟悉建築裝修的外行人來說，其實是個不小的挑戰，畢竟想像很美，但現實總是充滿許多困難。他們回憶一開始申請時，曾想要把屋頂整個打掉重做，當時的審查委員回應：「這不可能啦！颱風來你們整個屋頂會被吹走喔！」直接給了夢想的藍圖重重的一擊。後來伴隨著進駐施工的過程，理想與現實才漸漸在實踐磨合中取得平衡。自 2015 年 4 月接過鑰匙開始施工，到同年中秋節前大致完工，並邀請木工班同學們一起到黃埔新村烤肉賞月，

整個居住空間的改頭換面大工程花費了五個多月的時間。因為大家白天有工作，只能趁下班空檔以及假日動手，中途歷經的高豔夏更增添了蒸騰的汗水與體力的考驗，最後的完工成果或許沒有百分之百切合最初的想像，但卻是最美的景色。

眼前所見不為真

問起裝修過程中印象最深的事，瓊心笑著說：「實際開工後，我們才發現這裡的牆不是真的牆，而門也不是真的門！」在拆除房間與房間之間的老舊喇叭門板，以及門框旁牆板裝潢時，他們赫然發現門板旁的牆壁，其實是傳統的日式拉門，或許是過去的住戶為了使用習慣及方便，將原本的拉門封進牆壁裝潢中，透過這次的修繕計畫，拉門才得以重見天日。除此之外，整修的過程中，也發現牆壁裝潢之後隱藏著拉門，與隔壁房子相連，據此推測，早期日治時期的單棟房舍空間，應該比現在看到的單戶空間還大，後來為了配合使用者的需求，才陸續改建隔間出目前的格局。像這類拆除過程中的各種發現，宛如打開俄羅斯娃娃一般，一層套著一層，充滿驚奇，終於古老的建築洗盡鉛華，回到最樸實的一面。

造訪之時，屋內還有一部分拆了裝潢，但沒有重新上漆或修補的區域，這是三人討論之後決定保留的。他們指著木頭的紋理，笑著說：「很神奇！你看很多地方拆完之後裸露出來的部分十分老舊，比如這扇門，看起來雖然破破爛爛的，但放在這個空間就有種異常的協調感，如果重新上漆，反而很突兀，所以我們就決定保留現在這樣。」

除了原本建物的整修，興趣是木工的三人，也發揮所長幫「戲・木作」進駐的老屋增添了新的景色。客廳空間中最顯眼的，就是牆上不規則彩色方塊拼出的木格展示牆，以俄羅斯方塊遊戲為設計概念，充滿了趣味感；櫃格上擺放的精巧木作小飾品，也非常吸引目光。正對面的大片黑板牆，則是三人組一起塗上黑板漆和磁性漆自製的，雖然會議桌還在製作中，但已經可以看出未來空間利用的雛形。他們說，接下來就是慢慢添加物品，隨興創作，沒有特別的壓力，也歡迎一樣喜歡做木工，或是其他竹編、皮雕等手工製作的同好，一起來使用空間與設備。

由生活到延續

問起眷村生活的感想，瓊心第一反應就是洗手間在外面比較不方便，但也很高興能擁有過去羨慕已久的眷村庭院空間。彭大哥則說：「我們走低調實在路線啊！每天澆花掃地的！」

他還告訴我黃埔新村有很多貓咪，其中有一隻黑貓，似乎將這一帶視為牠的地盤，彭大哥常常在澆花時一抬頭，就看到黑貓停在圍牆上與他四目相望，像是警衛二號一樣。聽著聽著，我忍不住想像起貓咪巡視領地，心道「你們這些愚蠢的人類！」的畫面，不禁莞爾。

訪談的尾聲，我直覺地詢問：「那麼未來創作想法是……」，話語未完，三個人都帶著輕鬆的表情，你一言我一語的回我：「沒有特別想耶！」「我們就是很FREE啊！」「隨興創作就好了，我們沒有創作壓力的！哈哈！」那一瞬間我突

然感受到一種很「生活」的氣氛。沒錯啊！他們在黃埔新村居住、創作，自在而為，不一定非要像工作一樣去思考績效、目標，因為那就是生活嘛！

然後我彷彿又多了一點領悟。

很多時候當我們在思考古蹟活化、老屋欣力等文資課題，總是困惑於對活化利用方式的想像。老屋只能開咖啡店嗎？古蹟放在那邊乏人問津成為蚊子館會比較好嗎？過去有一次聆聽文化資產相關演講時，演講的老師提起他在留歐期間與西班牙人曾討論到台灣近年流行「老屋欣力」概念，當時西班牙人回他：「為什麼要思考老房子如何再利用？房子不是就只有能用和不能用嗎？」在房子還能使用時，好好的讓它發揮它的功能，不論是作為什麼用途，其實都是很好的。瓊心、彭大哥和哲宇的黃埔新村生活哲學，也可以算是一種解答吧！比起刻意思考如何再利用、再活化，或許與這些老建築「共存」才是延續文化資產最好的方法。因為有人，有活動，建築的生命得以延續，當這些「歷史風景」自然而然成為日常生活的一部分，或許有一天，我們不需要疾呼保存，也能留下各種美好的景色。黃埔新村因為以住代護計畫而生的生活樣貌，是不是能成為未來文化資產遠景的想像？我很期待。

風吹不進來的

郭彥麟

我們談論並分食同一段漂流的記憶，
也就有著相仿的鄉愁

就如同一般的社區大樓，警衛室成了一道護城河般的關卡，幾經盤查，我們仍進不了城門。

同行友人滑動手機，一時找不著正確的電話號碼。我在高樓的陰影底下抬頭看被切割的天空，就像被厚重鐵門與圍牆切割的土地，某些無形的連結也似乎就此被斷截了。

國中時同學在樓下輕鬆一喊，我便能起身從二樓房間的窗子探看，沒有手機的時代，我們心裡頭卻有條線牽著，總能恰巧地尋著人，且被尋著。而如今無形的線雖讓我們隨時隨地都能與世界聯繫上，但人近在城裡，沒了號碼，卻也就徹底失了蹤跡。

終於輾轉捎出信息，等待一會，閻伯伯便與弟弟渡河而來，接我們至他深埋於水泥叢林中的家。

從黃埔新村搬到高聳的鳳山新城，轉眼也一年多了。閻伯伯穿著運動鞋，臉上雖積著年歲風霜，腳上卻毫無重量，我加快腳步，才勉強跟上。進了一幢樓，停在電梯口，家還未到。我問閻伯伯怎能如此健步如飛，他謙虛地笑了笑，說在練氣功。他身形瘦高，但眼底

如汪洋，我彷彿真的感受到飽滿的氣息在他體內緩緩流動，
或許因他記憶裡那奔流如洪水的生命與歷史，不停地不停
地，仍動盪著，流經他堅韌的靈魂，與收藏祕密的心。

一路上他領在前頭，上了樓，進了他家，正如他準備領著
我們，進入另一個家，那個曾連根拔起，四處漂流，所幸
未在時代的悲劇中消溶解離，生死相守的家。

東北的一把泥

閻伯伯拿出了父親收藏的文件，那是張泛黃的紙，也是父
親離家前抓的一把泥土。

那泥土，來自東北遼寧。一個年輕的名字，接受血汗的磨
練，換得一張「東北講武堂」畢業的驕傲。然後天地動盪，
東北軍「易幟來歸」，年輕人怎能多想，歸來卻是離鄉，
自此沒了名字，有了國成了民，卻沒有了家。年輕人更難
料到，路往戰場開去，竟沒完沒了地蜿蜒，抗日完又是內
戰，前進變成後退。年輕人緊抓泥土，手厚實了，肩膀寬
了，人也被時代磨得粗韌，不知不覺扛起了自己的家。他
帶著妻小，貴州，廣州，海南島，然後漂到臺灣，一個家
就這樣東拉西扯，依然牢牢抓著，寫著名字的紙，壓在皮
箱底，也沒被磨破。

家，不再是地底的泥，地上的屋，而是身邊的人，還有心裡藏的思念。

閻伯伯在貴州出生，弟弟在廣東，來台灣後，最小的妹妹在屏東出生。一路上父母狼狽也堅定地護著這個家，雖不能落地生根，但花總能在暗夜與烽火間開來，一朵朵增豔，滿了家的景致。

我看著他們一家人的合照，父親著整齊軍裝與母親端坐中心，子女圍圈如花瓣，心裡有種複雜的感動。彷彿再大的風雨，也打散不了他們，反讓一家人靠得更近，黏得更緊。天地眷顧，卻也無情，狂風暴雨裡，總還是有花吹落。原來，圍得緊緊地，是刻意掩蓋缺口，免得觸碰母親深埋心裡的哀傷。

逝去的祕密

閻伯伯上頭原還有個長兄，在戰火的追逐中，如一朵煙花，轟一聲便殘酷地被吹滅了。閻伯伯哽咽說不出話，幾十年過去，那哀傷湧出，還是濃稠得令人窒息，一旁的弟弟，也不禁落淚，跟著沉默許久。好似在湍急的流水中掌舵，花了好大的力氣，閻伯伯才能繼續述說。

記憶中，是在廣東的鐵道旁，小男孩拾起一顆他沒見過的東西，天真地往地上一敲，炸了開來。他滿身是血，如一朵殘弱闇紅的花，落在地上。母親哭泣呼喚，也阻止不了戰爭將生命蠻橫地扯落，而更小的男孩在一旁嚇呆了。

黃昏雨落，火車頭載著男孩往郊區埋葬，一道陽光從烏雲的縫隙間探出，恰巧垂

落在火車上，彷彿來將男孩接走。男孩的弟弟，遠遠看著。

「那個時候我才大概六歲，我不知道要怎麼表示，後來到台灣，好長一段時間，黃昏時，我只要聽到火車鳴笛，我就會很恐慌，不曉得怎麼辦。」兄長的事，在母親面前是個祕密，母親不提，大家也不許提。私底下，孩子與玩伴們會叫閻伯伯小名「二牛」，但在家裡頭，閻伯伯便是「大哥」。

閻伯伯頂上這個位置，守護母親的祕密，而父親的祕密，則是藏在皮箱底。

箱底的孫將軍

從海南島榆林港至高雄的益利輪，因匪諜疑雲，被迫漂流，不許靠岸。驚懼之中，最後一家人終於踏上陸地，暫時落腳大寮。閻伯伯便是在此開始上學，永安國小也成了他的母校。但大寮也只是借宿，後來政府安排他們至屏東眷村居住，才算真正安頓下來。而在鳳山陸軍官校服役的父親，則繼續搭乘軍卡跨越高屏溪往返，直到閻伯伯高中畢業後有了機會，他們才舉家搬遷至黃埔新村；閻伯伯也在這結婚生子，自此以鳳山為家。

父親過世後，閻伯伯才從父親皮箱的底層，找到他埋藏的祕密。一張蓋著孫立人藍章的「第四軍官訓練班」修業證書，還有一張提著父親名字的孫立人將軍照片。父親生前隻字未提，而閻伯伯從沉默的文件裡，也明白那個沉默的年代，不能說出口的遺憾與委屈。

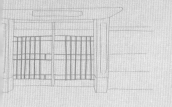

噤聲已過，眾聲喧囂，孫立人將軍的故事開始被談論，記憶上的灰塵也開始被擦拭，但許多傷彷彿已在眼底結了痂，怎麼看都不透徹了。

黃埔新村緊鄰陸軍官校，住民大多是官校的眷屬，南面的「誠正國小」，也以提供附近眷村子弟就讀為主。黃埔新村是臺灣最早的眷村之一。國共內戰時，孫立人將軍在臺灣訓練軍隊，利用日軍遺留的眷舍供官兵眷屬居住，最初命名為「誠正新村」。陸軍官校在鳳山復校後，才更名「黃埔新村」。

而抗日時孫立人將軍在貴州都勻曾辦學，校名亦為「誠正」。就如同閻伯伯一家人，學校也隨戰火遷徙，輾轉來到了鳳山。誠正國小的校歌首句：「創校黔山麓，繼起鳳山市」，記載了這樣的漂泊，彷彿替代了孫立人將軍的名字，在鶴唳風聲中，輕聲續唱著。

閻伯伯未在誠正國小就讀過，他對國小的記憶，是一隻大象。
　　而那隻大象，也曾是台灣許多孩子的記憶。

「林旺」在軍中的名字叫「阿美」，牠從緬甸的叢林裡，翻山到了中國，又渡海來到了台灣。牠跟著孫立人將軍，曾在誠正國小內居住過。閻伯伯還記得，他小時候隨父親到陸軍官校內看林旺表演時的興奮。孫立人將林旺贈送給動物園後不久，自己也如被圈養於柵欄內一般，遭軟禁長達數十年。

寧靜的聲響

故人已往，記得孫立人的人不多，林旺也逐漸被淡忘。而遷村後的黃埔新村，人影稀疏，遮掩不了時光曝曬，凝結的景色如安靜的老照片，慢慢地褪色斑駁。唯有在閻伯伯的述說裡，照片才又鮮明豔麗了起來。我聽著，彷彿聽見了畫面裡的那些聲響。

當年電影是奢侈的，軍方會在二巷芒果樹那兒，找兩根電線桿綁上布幕，便放起電影。風一吹，布幕飄動，也吹亂了演員的表情。更早些年，黑白片「翠翠」在台灣引起了騷動，女主角林黛唱著：「熱烘烘的太陽，望上爬啊，望上爬……」，這一唱，爬進了人人的耳裡，也不知不覺，爬上了嘴裡。年三十時，家家戶戶忙著剁餃子肉餡，手裡兩把刀在砧板上敲打，咚咚咚咚，汗如雨下，嘴裡頭也不由自主哼著這首歌；其餘人有的桿麵皮，有的包餃子、藏銅板，沒人閒著，於是這裡熱烘烘，那頭也熱烘烘。

閻伯伯說他們東北人，還會做「巧果」，將麵皮切成小方塊，中間一刀，兩邊再劃兩小刀，扭轉反折，丟進油鍋裡炸成金黃，脆脆酥酥，當成零食吃。年初一，年輕的、輩分低的、好動耐不住性子的，總先出門拜年。先到你家道恭喜，你便跟著我往下一戶去，於是一個變兩個，兩個變三個，成群結隊，浩浩蕩蕩，如鞭炮越串越長，在村裡劈哩啪啦響起。

閻伯伯父親在村裡算年長，待大夥到他家拜年時，巷弄間已熱鬧沸騰。一行人中，有個大嗓門，總遠遠喊著：「閻大哥，拜年囉！」，閻伯伯一家人便趕緊開門，

迎接老友與新年。年一年一年新，友也一年一年老，年長者步履越來越蹣跚，這
列拜年的火車，也就停駛了。

村裡主道旁有棵大榕樹，後來行動不便的老人家們總愛聚在樹下，鎮日看著人車
流動，搜尋認識的面孔打招呼。一日下來，樹影挪移，時光也靜靜悄悄溜走。現在，
天氣和煦時，一些念舊的老人家仍會回到榕樹下坐著，見見老友，瞧瞧老風光，
而人去樓空的黃埔新村，真的越來越靜了。

安靜就好

在那個資源有限的年代，大家習於將家鄉的口味，
與左鄰右舍分享，豆腐乳、臘肉、甜酒、泡菜、
辣醬，我分你一點，你送我一些。食物的味道，
伴著濃濃的人情味，傳遍家家戶戶，將整個眷村串
成了一個大家庭，彼此熟悉，相互看顧。閻伯伯說，眷村的孩子，是所有媽媽一
同養大的。

或許是因從同樣的歷史中走來，談論並分食同一段漂流的記憶，言說與煮食裡，
也就有著相仿的鄉愁。在印象中，最濃的年代是民國五、六十年。之後，衰老凋零，
遷徙流動，人與生活都開始有了變化。就如同整個社會的腳步加快，停留的片刻
也變短，人與人之間，接觸頻繁卻淺淡，眷村的濃稠也逐漸被稀釋，成為了都市
計畫裡一張扁平的地圖。

如今，兒孫輩踏出了眷村，長輩的記憶僅是歷史。荒廢的房舍，大門敞開，漆紅
的木門傾倒橫躺，隔間的牆被敲出了大洞，露出裡頭的泥與竹篾。曾聚在屋裡的
生活，轉眼流罄，氣味與聲響都淡了，被吹散了，留不住了。

搬到鳳山新城，如從原野遷徙至了叢林，陽光少了，過往門前巷弄如小溪潺潺，
人悠悠流過，帶來四季，捎來風聲。現在住在高處，電梯是垂直的隧道，開了門
仍在洞穴裡；開窗看得遠，但看不見人，不見故鄉。

社區裡仍有廣場，人下樓聚著，如流不動的沼澤，風拐了好幾個彎，不知從哪兒吹來。大樓的陰影取代了樹蔭，便利超商取代了雜貨店，無線的手機，把喧鬧的拜年聲，吞得一乾二淨。

我問閻伯伯對黃埔新村有什麼眷戀？閻伯伯說得含蓄，隨遇而安。新國宅住得習慣，舊眷村也就沒太多羈絆，彷彿淡淡看待，記憶的行囊才不致太沉重。

「安靜就好。」

早晨眷村很靜，陸軍官校早號一吹，全村都醒了。即使住在西邊，閻伯伯他們家也聽得見東邊學生跑步喊口號的聲響。

那聽得見南邊誠正國小的鐘聲嗎？閻伯伯說，順風的時候。風一吹，平坦的眷村毫無阻絕，聲響就如霧漫了過來，門前一株桂花樹，也如煙飄出了清香，漫進了整條巷子。

現在風再大，記憶裡的氣味與聲響，也吹不進來了。

點一窩營火

郭彥麟

生活的痕跡縱然乾了，
有些卻像頑強的茶漬留了下來，
只是聞不出味道

初次拜訪，是一日陰雨霏霏的寒冬，濕與冷成了整個社區最喧囂的住民，人稀稀疏疏地，像貓一樣，躲在屋裡。

下了車，雨稍歇，微弱至一個撐傘顯得多餘的程度。彎進支巷，果見戴著黃色套頭帽的范大哥，沒撐傘站在路中等著。斑駁的街景在雨霧的濾鏡下更顯灰淡，那點黃，彷如一朵花以含苞之姿，等待著，不過分濃豔，卻遠遠穿透而來。

第二次拜訪，已是春天。

異鄉的拓荒者

范大哥是黃埔新村以住代護計畫的第一批住民，他說，除了騎著腳踏車悠然逡巡的警衛之外，他應是最早留宿在社區裡的人了。

遷村後，少了人的持護，屋子頹圮得特別快。草木以叢林的姿態重回，落葉覆蓋足跡，藤蔓掩上窗扉，綠意挾帶陰影淹了進來，鼠貓蚊蟲也乘著風雨而入。人，成了異鄉的拓荒者。的確來自異鄉，偶然的

機會，家鄉在雲林二崙的范大哥投出了申請書。申請書中令我印象最深的，是他自己手繪的「電力系統配置圖」。藍色的開關、燈具、插座等符號與紅色的網絡，像一張拓荒地圖，載明機關，準備在濃綠的暗夜裡，重燃火把。要過夜，得有燈。

范大哥是學電子的，二十年來的工作，幾乎都是在電路裡走。入住黃埔新村前，他是航空公司的維修員。他謙說，這些都只是簡單的活，但我心中不禁有了崇敬的想像，能修飛機，還有什麼不能修的？

真的，范大哥真的是最像拓荒者的了，胼手胝足，幾個月的時間，便讓屋子的燈在夜晚亮起，如叢林裡的營火，簡單卻足以溫暖一隅，支撐起一夜的安眠。

其實要搭起這個營，一點都不簡單。范大哥說，這屋子沒有整修，真的是不能住人的。對街的屋子還淹沒在叢林裡，鐵皮橫檔不讓宵小擅入，但據說建構屋子骨架的檜木已被竊走，這也算流落都市的山老鼠吧？我低頭從犬貓高的縫隙往內探，密佈的枝葉將陽光剪得細碎，生機盎然卻又荒蕪一片；碎裂的門窗與牆瓦，開腸剖肚，這曾名為家的空間再也盛不住人，記憶與氣息流洩殆盡，生活的痕跡都乾了。

最初，范大哥的屋子也是如此遺落在叢林裡嗎？

小徑盡頭的小屋

屋子的入口，是一條夾在紅磚牆與另一戶屋子間的小徑，細細長長，像是與人借

路，苦苦哀求才要得一點珍惜地走。小徑的盡頭是一道鐵圍欄，裡頭便是躲在主屋左後方的兩層樓小屋，旁邊有道鐵門，看樣子是通往主屋的後院。我們都在猜想，這小屋是因著什麼原因增建？它與主屋間屢經切割，卻又難以決斷的關係，又是什麼呢？

黃埔新村的屋舍是日軍遺留下來的，屋後泥灰色的煙囪像潛望鏡高高地從瓦上樹梢探出，遠遠便與你對眼。據老住民的說法，後院角落有間小房，便是用來屯放柴火雜物的。

煙囪後來大多不用，用水泥封了，而小房也不再用來堆放薪柴，改住人。這間屋子，

想必是人氣太旺，才向天爭地，加蓋到了二樓，還從夾縫中，硬是擠出了獨門獨戶。
生活的痕跡縱然乾了，有些還是像頑強的茶漬留了下來，只是聞不出味道。屋子
以居住的空間存活，但人的故事已被時間帶走，就像當年黃埔軍眷不知日軍眷屬
的故事，范大哥也不知這屋子裡曾有的點點滴滴。屋子裡靜置的細節，像痕跡化
石，我們看不見真實流動的畫面，但憑想像力，也說起了一些故事。

即使不曾相識，人生活的面貌也總有些相似之處。在同樣的屋子裡穿梭，彷彿可
以從范大哥的身影裡，想像過往的人辛勤生活的模樣。出入同一條窄巷，在同樣
的二樓陽台看同樣的遠方，風在同樣的季節從同樣的方向灌入，光與影以同樣的
角度切割著同樣的空間，睡了，同樣的夜為夢境蓋上同一件棉被。如果屋子是一
位母親，我們便是睡在同一個子宮裡。裝入同樣的容器裡，多少塑成了類似的形
狀吧？

或許這屋子是領舞之人，不同的時代是不同的樂曲，往來漂流的舞伴，依著它旋
轉，不知不覺也舞出了神似的風韻。

這就是屋子存在的真正目的吧？屋子真正的主人，也就是屋子本身，邀請款待著
世代的遊子，在我殘破的身軀裡，點亮豐盛的營火吧！於是最後，訴說故事的是
這間屋子，任何踏入屋裡的人，都能撫著它的身軀，細細聆聽到。

冷水澡

第一次踏入這間屋子，雨斷續地下，輕敲范大哥換上的屋簷，發出某種開闊的聲

響。門旁便是桌子，映入眼簾的，是堆滿桌面的電子零件，然後，是一樓和室裡的大蚊帳，范大哥就睡在裡頭。

范大哥自己去木材行購料，在磁磚碎裂的二樓鋪了雅淨的木地板；卸除剝落的天花板，填補好屋子內外的破洞，避免蚊蟲鼠貓侵入；簡單粉刷部分的牆面，屋子算是簡單修好了。修好了屋子，便開始修電器。

范大哥打算將這個居住空間當成他的工作室，將一些電器帶回來修理，於是屋子裡漸漸住了一些螢幕、主機板之類的訪客。他笑說，以後他就是整個社區的水電工，馬桶不通找他就對了。

然而，在初訪的那日寒冬，范大哥說因為接電的問題，他還是洗著冷水澡的。
我沒說錯啊！范大哥真的是最像拓荒者的了。

在時間裡串起故事

濁水溪南岸的二崙，以土壤肥沃、盛產稻米聞名。范大哥的老家，正是圍在田中央的三合院。

我問范大哥為何想到眷村中居住？他不假思索地說，他懷念貼近土地的生活。離開故鄉，畢業後在台北松山機場工作，然後來到了小港機場，一待就是十五年。長久居住的都市公寓，像懸掛的水泥鳥籠，偶爾放風，才能踏上土地，短暫且不屬於自己。他想重溫平房的生活，就這麼簡單。

除此之外，范大哥對眷村是全然陌生的。他說在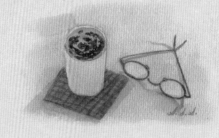
他的記憶裡，眷村的印象是一片空白。而這或許
也讓所謂異鄉，多了另一層意義。於是他在這兒好
奇地四處探索，與捨不得而返村流連的老住民攀
談，聽孫立人的故事，聽眷村的老聲音，像展開
另一段童年般，聽榕樹底下老爺爺們說書。

范大哥的父親是新竹新埔人，他說父親的手因美軍轟炸受了傷，而當時的人相信
肥沃的土地是一切，於是富有的祖父便將遠在雲林的良田給了父親，當作謀生的
依靠。父親因此在雲林認識了母親，出身望族的母親會說日文，晚年讀佛經時也
常以日文注音。

范大哥還說，他是范仲淹的後代，渡海來台的祖先是第十一代，而自己應是第
十八代。時間真是詭異的法術，似乎延續了什麼，卻又斷絕了什麼。剪剪貼貼成
了歷史，用一條線串起，成了故事。而這條線，可以是血緣，可以是土地，也可
以只是一間屋子。

拼貼的磁磚

我看著桌上散落的電子儀器，范大哥如果沒說，我怎能猜想到背後的這些。但我
後來想想，那個動盪的年代，瞬息萬變，人在空間中的遷移，恐怕比時間還快，
最後誰不是背負著諸多故事，繼續往前走。

這些生命脈絡，匯聚在范大哥身上，而今來到了眷村，與他原本陌生的另一段歷史疊合，就像台灣百年來的縮影，具體地在一個人身上，單純而活躍地存在著。

這間屋子不也是嗎？它只是靜靜地待著，便被時間推著走，經歷了三個時代的主人，說了三篇故事。而這些故事，看似獨立，卻又在那些生活的細節裡，彼此牽扯著。台灣的土地，日人的煙囪，黃埔的名字，而今意外在一位浪漫、冒險的拓荒者身上，遇見來自遙遠姓氏的傳承。就像那些拼貼的磁磚。

屋內的磁磚，是相當一致的不協調，沒有配色，沒有延續感，空間之間是斷裂的，像跨過邊界，耳邊即是另一種語言。

地板是素色的磚，樓梯是花色，上了二樓又跳入另一種素色，而廚房與浴室，亦自成獨立的視覺空間。加上一樓的和室，玻璃窗花，門外的細鐵條柵欄，我不斷在猜想，這屋子究竟是何時增建？至今又歷經了幾次改建呢？

後來攝影師點醒我，不同風格的揉雜，或許便是那個時代的風格。馬賽克拼貼。不管什麼文化流入這座島，這間屋子，都為所用。就像和室門上貼著福字，一旁是歐式窗簾裹著台式鋁窗，所有從歷史中帶出來的，扔不掉的，都收進屋子，布置了一間道道地地台灣人的家。

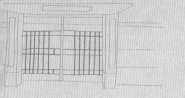

結實纍纍的芒果樹

第二次拜訪時,主屋也有了主人,范大哥從主屋分好電,終於安上了電熱水器,但濕冷已退讓給濕熱,幸好有風,勉強吹走一些汗。

我問范大哥最喜歡眷村生活的哪一部分?他說:安靜。只有軍校的音樂偶爾隨風而來。他還說,空氣中會有不知從哪飄來的花香,讓心更安靜。

這些答案,也都是老住民懷念的答案啊!無論從誰口中說出,都是一樣。這就是屋子說給遊子聽的故事吧?無論誰入我懷裡安居,都會有安靜的風,吹著清柔的花香。

范大哥說起老家的田以已經不耕種了,這幾年配合政府「平地造林」,他在一甲地上親手掘土挖洞,栽種了三千棵光臘樹、臺灣櫸木、印度紫檀等樹種。說也有趣,他把老家造成叢林,自己再到黃埔探另一座叢林,搭新的家。

離走時看見牆角一小袋青芒果,范大哥說早上剛去摘的。走到了主巷上,昔日綁布幕放電影的芒果樹,果然結實纍纍了。

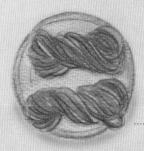

吃在嘴裡的鄉愁

糤子麻花:是歷史悠久的油炸甜食,狀似麻花捲,但較之更細更短,口味與做法各有變化。眷村媽媽做起來又更加簡便,給孩子充作日常零嘴。

找回的人

蔡文騫

在歷史中，
細細品嘗黃埔新村的眷村滋味

「人」其實才是眷村生活的核心。

新曆年假期，在距離黃埔眷村四百公里外的新店咖啡館，濕冷台北落著間歇的雨，和曹老師幾無間斷訪談了至少四個小時，相對老師輕易侃侃而談各種不可思議的時空故事細節，我幾乎只能啞口無言，我對黃埔眷村的認識太少了，預想的題目太單純平乏了。

一開始設定的題目是：關於以住代護計畫的看法，但很快就發現，這樣的問題實在相形太膚淺單薄， 如果只關注於黃埔眷村的空間與建築，我認識的不過是非常促狹的黃埔眷村，也永遠無法觸及眷村價值的核心。

在以住代護計畫開始之前，我曾經幾度造訪或路過黃埔新村，那時原居民大半都已搬離了，最常見的風景是幾位長者在榕樹下聚首，聊天或只是靜靜坐著，高雄的天光好像永遠強盛，把無人居住巷弄中老屋的頹敗照的那麼清楚，把花草植木照得恣意生長欣欣向榮，這裡離鳳山鬧區很近，但進了眷村大門，世界安靜停滯，在各方勢力競逐妥協之中，一部份暫時被封存下來。

但如果人都不在了，故事都消失，我們自以為保存的，究竟是什麼呢。

曹老師說，如果人散光了，黃埔眷村的歷史也不再被記得或正確認識，那黃埔和其他台灣眾多的眷村又有何不同？

歷史的樣子

從台北四四南村，桃園憲光二村，新竹眷村博物館，台中彩虹眷
村，雲林建國眷村，台南復興老兵文化園區，乃至高雄蓮池潭畔
眷村文物館，雖然我走過的只是台灣所有眷村非常小的一部分，
見過眷村變身（或不變）的各種形式，一部分的物件被保留或轉
化了，但其中人情人味，卻最是難以被召喚被重現。

黃埔眷村的特別之處，有一些是我已經知道的，例如說黃埔新村
南北走向，分東西兩側各六個巷子的空間格局，接收日據時期舊宿舍的基礎，由
誠正新村改名黃埔新村，座落村子盡頭的誠正國小（前陸軍子弟中小學），隔著
維武路相望的陸軍官校，這些都形塑了黃埔新村的部分風景。

有一些歷史是我們原本不確定的，或者不清晰的，比如黃埔眷村作為台灣第一個
眷村的意義，比如孫立人將軍與他的新一軍部屬，在黃埔眷村早年的進駐經營，
以及孫立人將軍兵變案後白色恐怖留下的巨大陰影，而這些原本不清晰的歷史，
眷村人在歷史裡的生存與生活的抵抗，正是曹老師的故事最精彩也最揪心的部分。
曹老師的父親在民國三十四年來台，負責陸軍總部南部七縣市宿舍業務，早期來
台的多屬新一軍三十八師，起初不能攜眷，當時接收日本人房舍，屋況不一，許
多地板只能以雜木拼拼湊湊而成，生活條件簡陋，老師還談起一段回憶，入住之
初，老師的家人陸續遇見著裝日本軍服或身體殘缺的鬼魂，最後在院子角落的櫻
桃樹下，開挖找到日本軍人一家三口的遺體，老師一家因此與別戶交換了更小的
房子，靈魂之說難以考究，但此經歷亦反映了當時戰後到接收的某段歷史與氣氛。

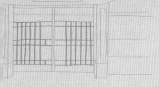

新村憶往

東一巷 79 號到 82 號是將官宿舍，東六巷 132 號有日軍大佐的兩百坪大房子（石覺將軍，黃杰將軍舊居），東二三四巷住著三十八師教導團教官們，西二巷分配陸軍新聞編譯處，東五巷分配陸總人事處，東六巷住參謀群與英文秘書，西六巷有醫務所，陸軍印刷廠廠長家，以及幼稚園，還有曹老師一家七口初住的東五巷 125 號，老師驚人的記憶力一一細數，幾號住著哪個將門，或者小至誰家的駕駛兵勤務兵，井然有序。

民國三十六年至民國三十八年，遷入的九成是孫立人將軍舊部或陸軍總部職務相關人員，民國三十九年陸軍總部北遷，黃埔官校之後整併了早期的學生大隊、201 旅、 202 旅，復校再重新招生，這些國民政府初期戰爭與陸軍歷史的大事記，亦都與黃埔眷村的命運交纏，其中最關鍵，影響廣泛而深遠的，無疑是孫立人將軍的事件。

曹老師表示，孫將軍與統治者（兩蔣）的矛盾，包括軍隊制度想法差異與美國因素等，從民國三十八年就開始直接或間接地影響著孫立人舊部為主體的黃埔新村，從幾位孫將軍在大陸時期的得力部署開始整肅，民國三十九年後黃埔系的入住，也可能同時被賦予監視及報告的特別任務，民國四十三年，孫先被調離陸軍總司令職務，民國四十四年，孫被指控有涉兵變案而軟禁，曹老師也特別提起當年孫立人將軍拒絕了美國提議的接應方案。

孫案始終是黃埔新村的陰影，即使鳳山的天空總是烈陽高照，新村大路的椰子樹長得正直爽朗，孫案的幽靈，仍然以各種形式滲透到每個村裡的角落，埋伏且伺機而動，在白色恐怖時代，總有軍警等單位的黑官、線人的傳言，且曹老師指出，這些確實不僅只是謠言，他的親大哥，25 年次，直到前兩年，仍然不願意正面談論黃埔新村的這段歲月。

我常想像老師口中的場景，孫案十餘年後，到了民國五六十年代，大家終於敢趁著夜色掩護，半夜三四點不入眠，有默契地聚集到巷口，低聲討論往事或時事，壓抑且小心翼翼地。

在那段日子裡，不時有人上門翻箱倒櫃，查找蛛絲馬跡，許多珍貴的史料也因人人僅能求自保，被當成垃圾扔進火裏燒掉了，極少數的文物，被細心藏入地板的假夾層裡，得以倖存，曹老師說：我們知道的黃埔新村的歷史，是被修飾過的！這也是他亟欲重建正確的黃埔新村史的理由之一。

冷暖時光

雖然大家的日子多是清苦的，人情溫暖卻從來不匱乏，若某戶家裡有了變故，高壓氣氛下，即使無法公開致意，仍然默默在深夜裡，放一兩布包米糧於暗巷後門助渡難關，或者將外觀賣相欠佳的蔬果菜葉，分裝小袋供需要者自取，這或許就是曹老師說的，早期眷村住民同心一命的情感與艱難歲月造就的凝聚力。

談到味覺上的記憶，曹老師回憶起過去清晨四點鐘，就會有外面小販來售，選擇眾多，甜酒釀，豆花，各種麵食，簡單誠意的美食總是最撫慰人心。而黃埔新村的眷村滋味，兼容南北，多元豐富，和新一軍的征途一樣，並且也與新一軍的征途密不可分。

新一軍曾在湖南募兵，岳麓山練兵，原三十八師湖南人為多，抗戰時前往滇緬邊境，開進印度，整編了一部份貴州與雲南人，軍眷甚至有印度裔的配偶，之後前往廣州辦理中日戰後接收，也有在廣州與年輕日籍女子成家的，國共戰爭時又遠赴東北戰場，遼寧四平與長春，最後軍隊落腳台灣，這一支長征了大半個中國的新一軍，歷史機緣下，也成為融合包容了從西南到東北，甚至外國籍配偶們的有趣隊伍。

關於童年，誠正中小學，曹老師說來似乎記憶猶新，學校的一部分在過去日軍作為馬廄洗馬池等用途，牆壁是灰土糊成，士兵寢室三間打通即可作為教室，老師還能清楚標出當時司令台與福利社的位置，作為陸軍子弟學校，教學內容也富有使命與反映時代背景，學生要上軍訓課，並在訓練場操演刺槍術等戰技，甚而是挖防空壕，野地炊事等戰備相關的課程。

民國五、六十年代，更多更多元的人口移入黃埔眷村，曹老師認為此後的黃埔眷村，隨時代演進，與其他眷村的變遷類似，他自己也在民國五十九年離開，負笈台北讀書，工作，甚少有機會回村了。

一起去找

談回以住代護計畫，關於黃埔新村的空間
活化利用，曹老師以及他的團隊，也提出
過建議與想法，曹老師熟稔地在紙上畫出
黃埔新村的地圖，展演他的想法，或許以
OT 的方式委外經營，希望能兼顧文史保
存與觀光休閒價值，在拆除多年來的違建增

建之後，以復原的工法回歸黃埔新村之初，民國三十六年的景觀，然後全村保留，
在各巷巷口可以設立孫立人將軍紀念館，以及新一軍各場重要戰役的紀念館，其
他房舍能作為住宿接待之用，經營有軍事色彩的渡假村，包括熟悉的起床號，空
地設立戰技訓練設施進行類軍事操演，舊福利社的位置仍作為餐飲販售區，舊醫
務所區域作為簡易醫療急救站，把行道樹改回民國五十年代以前的鳳凰木。曹老
師希望能規劃眷村旗艦博物館園區，與其他眷村（可能以餐飲業為主）的空間改
造模式做出區隔，另外也感嘆，眷村的遷村與土地利用，牽涉多個權責部會，每
個主管機關皆有立場與計畫，若能有個單位出面統籌協調，或許會更完善與順利。

曹老師收集了許多關於黃埔眷村的資料，包括鄉親熱情寄來的老照片以及父兄輩
珍貴的口述歷史，也計畫書寫並出版一部黃埔眷村史，補正現有黃埔眷村歷史的
不足或錯誤，雖然人力物力始終艱困，老師堅持要和時間競爭做下去，因為歷史
只會消失的更快。曹老師的另外一個計畫，已經默默進行了一陣子，老師希望在
網路上建立一個資料庫，以門牌號碼索引，找回民國三十六年之始，每戶人家，

每棟矮房，曾經住過的人與他們停留的期間，那將是彷彿一座重建在線上，虛擬的黃埔新村，以另一種完整的型態，保留七十年前的人與故事。

訪談結束，天色已黑，雨還是點點滴滴的落著，像那些黃埔眷村的故事，即使微弱卻永遠不會停止迴響，和曹老師走回捷運站的路上，老師堅持不用撐傘。

雨水在眼鏡片上緩緩滑過，水滴改變了鏡片的折射，街上各色燈光渙散又被重新凝視，黃埔眷村的歷史和故事，在夜裡某處安靜發亮，等待再被注視的可能。

回到高雄，曹老師仍然熱心來信，非常嚴謹地更正一些細小的數字錯誤，或者進一步闡明論述他的想法。網路上，也追蹤著「黃埔眷村，我們的家」的粉絲頁，曹老師們仍然努力舉辦春酒等各種聯誼活動。

我想起鯨向海的詩句：依舊有人在遠方，永不放棄地尋找著我們的下落。
我們一起去找。

眷永時光

蔡文騫

新與舊，
一種獨特的生活觀點

第一次拜訪變身後的眷永堂，是眷永堂團隊的聖誕節小聚會，雖然村外大街上滿溢歲末熱鬧氛圍，一牆之隔，日落後的黃埔新村仍然一如平常俱靜，稍微漆黑，小屋們多是大門深鎖，街上幾乎無人走動，只有我一人的摩托車聲穿過七十餘年的老房子老風景，與七十餘年的南方長夜。

眷永堂是那晚黃埔新村裡最溫馨的一間屋子，門上的小燈，腳邊的照明，以及從老屋的窗櫺裡，透露出幾經折射反射，光在時間的旅程後，散發溫暖而內斂的色溫，當然還有團隊帶來的各種食物，用心佈置的節慶氣氛，剛在門口停好車，就能感受到他們確實是現在冷清的村子裡，非常不一樣的角落。

第一個會注意到的改變是大門，保留了原本的水泥外牆與貼磁磚的門柱，原來咖啡色的門扇被換掉了，變成紅色的貨櫃屋門，貨櫃上的零件仍可見，再以白漆噴上門牌號碼，與英文拼音的「眷永」（JUAN YONG），這道新的門也頗有巧思，顏色上呼應了眷村常見的經典紅色大門，材料則與高雄貨櫃大港城市的身世融合。

眷村新人

設計師陳鴻文與他的團隊，過去的專業經驗包括台南與屏東的老屋翻修，舊傢俱

的整理與活化，這些經驗在眷村的老房子與花木環境裡確實
可以大展身手，但我還是好奇，為什麼選中了黃埔新村，而不
是其他的老屋，是否團隊裡有人具有眷村生活經驗，或者與黃
埔新村有所淵源，稍稍意外的是，年輕設計師團隊裡，並沒有
人與眷村曾經特別交集，在以住代護計畫開始勘查與整理房舍
之前，對黃埔新村的歷史和變遷亦是陌生。

但我想這並沒有關係，眷村文化雖然具獨特性，但從來並不是排他的，從日軍在
二次大戰時的南進基地開始，孫立人將軍部隊來台，國民黨政府播遷，白色恐怖
時期再到解嚴，歷史的風將一群人帶來，又將他們吹走，下一批人很快接踵而至，
有人帶來一磚一石，有人植下一草一樹，有些種子落下紮根，有些故事深刻滲入
了牆瓦縫隙裡，但現在的黃埔眷村已經不再非得只能背負歷史的包袱，由一群有
熱情的青年進駐，或許可以打破框架，打造全新的想像與意義。

過去與眷村長輩訪談，他們說，除了有形的建築，人才是眷村文化，眷村情感的
主體，踏入小院子裡，我很期待眷永堂的年輕人，會為日式老屋帶來的改變。

老屋生活實驗

入駐團隊的企畫書主題是「生活實驗室」，人與房屋，房屋與環境的主客互動可
以有各種改造與嘗試，而一切努力，都是為了理想的生活吧。
走進大門，原本粗糙的水泥庭院，鋪上了細沙礫石，小徑和熱帶植物通往南方的

夏天風景，迎接來客樓梯的綠色地磚與玄關的木質地板被保留了，介接起老屋的
舊與新。架高的和室讓陽光自由灑落成明亮矩形，面落地窗的茶几，車庫空間用
有花紋的空心磚疊出向外的吧台，到處可見光影流動。沈穩圖樣的壁紙，舊式紗
門，和細緻的磨石子地板，都是老派生活的雋永細節。

原屋主並未留下太多堪用的傢俱，舊照片裡可見有日式壁櫥的臥房，與台灣傳統
佈置的客廳，而現在看到的充滿風格與懷舊感的物件，大多是眷永堂用心收集修

復而來的，才有了可以慵懶陷落的綠色扶手沙發，收納許多祕密記憶的老藥櫃，不再運作但仍然映放著老時光的電視機收音機，引人注目的，還有一面牆角的大國旗，為過去重要節日時旗海飄揚的眷村留下見證。很難定義房子的風格，有台味櫥櫃和式矮桌，乃至現代北歐極簡風，已是一種獨特的生活觀點與品味。

問工作團隊有沒有最困難的地方，未曾想過地，他們說可能是屋瓦吧，久未修護的老房子漏水狀況嚴重，舊照片裡可見破損的屋瓦與外露鐵皮，團隊過去也沒有整修這樣日式屋瓦的經驗，重新整理防水層，四處尋找訂來類似的黑色水泥瓦，笑著問我，看的出來哪邊是新鋪的嗎，夜色掩護裡，確實新舊交陳的界線已經弭合難以分辨，這不起眼處，或許就展演了老屋的保存與新生的祕密。有了屋頂後，就有了可靠的家，我想像下雨時，滴滴答答在日式屋瓦上敲奏出生活的和諧聲音。

眷村開門

拜訪時眷永堂團隊提起，未來推廣活絡老屋的計畫，包括開放參觀行程，以及工作室課程，而近幾個月，我確實在網路上看見他們舉辦的多樣化活動成果，有時候是結合眷村議題的講座，有時候老屋瀰漫著咖啡氣味或甜點烘焙出爐的甜蜜香氛，有高中學生前來認真訪問，也有國中老師安排校外教學，眷永堂為圍牆裡的眷村開門，讓更多人走入黃埔新村的老聚落，新日子。

眷永堂團隊說，每個晚上會有夥伴在老屋裡過夜，未來也可能與其他藝術家合作，

讓更多領域的工作者，到黃埔新村眷永堂來留宿，過去的眷村生活似乎本來就是熱鬧混居，街坊來往穿堂穿院，而在現代的以住代護眷村裡，我也期待來自各地喜歡生活或藝術的人，會在工具牆面上找到一個喜歡的形狀，在綠色地磚廚房裡烹飪出一本小說，或打開倉庫粉紅色的任意門，通往另一個饒富趣味的日常異境。

雋永。眷永

舊的社區網絡因為搬遷或凋零難免分崩離析，隨著以住代護計畫的進行，新的住戶人數增加，也許在眷村這樣特別的空間條件裡，家戶緊鄰相對相倚，未來會產生藝術家與工作者們之間，或者與周遭社區甚至城市交流，生成新而有趣的人際及生活網路，似乎可以期待。

院子裡有幾棵高大的仙人掌和龍舌蘭，從高屏溪畔的園藝場移植而來，在鳳山的驕陽天空下強壯地生長著，保持著堅毅的線條與姿態，和老房子裡一代代的住戶一樣，從各地移動到這裡，落地札根，帶著各自的生活方式，懷抱不同的心事，但也許看過同樣季節裡的陽光與陰影。

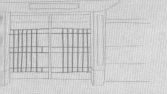

七十餘年歷史的老房子經過不同政權更迭，以及屋主各種增建與翻修，想像居住的人或者從北方另一島國渡船而來，或操雜不同省分口音，長途戎馬遷徙後落腳寄居於此，或者在社會轉型變動的年代裡幾經轉手，再到某日被淨空，封存。

再次跨出眷永堂混搭風的紅色大門，村子未來的保存形式或改變還有許多可能，以住代護計畫的時間會有多長也尚不知道，但這裡確定曾是許多人的家，生活與夢想的痕跡也許還刻藏在某個角落，只要還有人在此地努力，即使互不認識，眷村的生命力也以某種安靜的形式，繼續轉換而流動著。

吃在嘴裡的鄉愁

巧果：物資有限的年代，眷村媽媽做給孩子充作零食的油炸麵製品，依各家口味或沾糖粉或不沾，麵片捲繞方式可變化不同。孩子們抓上一把兜在口袋裡吃，或者用報紙捲成小筒盛著吃，味道簡單卻能解饞。

牛肉麵情緣

楊貽茜

眷村的日子彷彿一碗牛肉麵，
在回憶裡越陳越香

小說家朱天心曾這麼寫道：眷村媽媽們的類型因軍種而異。

空軍村的媽媽們洋派，懂化妝，能跳舞，講英文。陸軍村的老實保守，海軍村的因老公長年不在家所以愛打牌，憲兵村的媽媽們大多年輕、本省籍。而情報村的因為丈夫們有著太多祕密的任務，亦至於太太們多以守寡的心情過活。

這些是小說家筆下鮮明有趣的標籤，但在真實的世界裡，「標籤」總是遠遠不夠用的，特別是在見到本人之後，就好比黃埔三村的汪奶奶。這也不奇怪，黃埔三村並不是一般眷舍，而是隸屬於陸軍官校的職務官舍，住的大多是在官校教書的老師與教授，與黃埔新村、二村那種帶兵官的純然軍隊氣息又有所不同。如今整個黃埔眷村（共八村）除了新村與緊鄰的三村，其他均已拆遷，還留在舊址的原眷戶難尋，汪奶奶故人故居，不但是最後的留守人，也是眷村活化新篇章的見證人。

一碗麵牽起一世情

汪奶奶來自台南柳營鄉下的窮苦人家，道道地地的台灣莊稼人。16 歲嫁給汪爺爺前是一句國語也不會說的。要從她口中拼湊出已過世的汪爺爺並不容易，奶奶就是這麼個質樸靦腆的個性，而另一方面汪爺爺的確寡言。在一片「不記得了」、「不知道」、「兒子比較知道這些事」中，老人的記憶細碎微光般地回閃，那個從海

峽另一邊流亡而來的身世聽起來很有那麼點傳奇的味道，汪爺爺來自安徽蕪湖，離六朝金粉的古都南京很近，家裡開的是印紙廠，據說從前門走到後門要半小時呢，上海法學院畢業後，響應蔣委員長的一句十萬青年十萬軍，汪爺爺就這麼跟繁華富庶的前半生說了再見。

當時的再見，真的就是再也不見。汪爺爺這輩子活到 95 歲再也沒回去過。那個分離與重建的年代裡有太多難解的東西，例如汪爺爺的沈默、平靜、據傳換過名字。他跟著軍隊渡海而來，卻不是軍職。為了生活，他當了警察。

單身漢的生活總是東搭西湊的，一位當醫生的朋友家裡出入的人多，請人煮飯，汪爺爺就去那搭伙。緣分就是這麼搭來的，汪奶奶鄰居的兒子彼時去住院，看這安靜的外省漢子怪勤勞的，搬柴端菜幫忙餵小孩什麼都做，便興了做媒的念頭，唯一的問題是年紀，差了二十歲，只好短報個十歲來說說看。

老照片裡，年輕時的汪爺爺相貌清逸端正，就是個斯文的讀書青年樣貌。但早期國民政府警察的特務化，台灣人民是狠狠吃了其苦的。汪奶奶也不例外，一聽媒人說是警察連說不要，況且語言不通，年紀又大。但媒人一股勁地說，將來只管吃飽，不用做事，老翁疼嫩某嘛！況且制服脫了就不是警察了，不怕不怕。

匱乏的年代沒有太多選擇，汪奶奶家只是「農工」，連自己的田都沒有呢！於是，

16 歲的汪奶奶在媽媽、大阿姨、弟弟等拉拉雜雜六個親人的陪同下，去見了汪爺爺。吃的是對當時的台灣人來說非常稀奇的牛肉麵。

一甲子前的那碗麵到今天是很有爭議的，已八旬的汪奶奶直說：「那有吃這麼好呢。」但不知是害羞還是當時太緊張，她就是想不起麵條裡的肉是哪種滋味。汪奶奶的兒子則堅持當年還是個孩子的舅舅說法，那絕對是牛肉麵，而且是大家此生吃的第一碗麵條，新鮮的不得了。總之，舅舅吃完回家對姊姊說：「阿姊，不嫁不行啊，妳吃了人家的麵啊！」

於是，汪爺爺一個月 40 元的薪水存了好幾個月，終於把汪奶奶娶回家。四個半榻榻米的小宿舍權當作新房，連張雙人床都塞不下，幾個朋友吃喝一頓算是有了儀式，結婚照還是等老二出生後才補拍的。但家，就是這麼建立起來的。算算那是 1952 年的嘉義新營。之後汪家輾轉住過關廟，歸仁，中埔，最後汪爺爺轉任陸軍官校，才落腳黃埔眷村。

越沉越香的眷村回憶

那個年代的女人失學是大環境的不允許，但學語言卻是與生俱來的生存本事。言語不通的兩人，婚後比手畫腳的，比呀比呀的汪奶奶學會了國語。汪奶奶抓著孩子的小手在一起作業簿上畫著名字，長子大臺，那個「臺」字縱使汪奶奶不識字也知道不好寫，跟汪爺爺說了，於是，次子大仁、三子大同，變得好寫多了。愛

情在那個年代或許是奢侈的，但感情自有其累積的方式。汪爺爺知道汪奶奶不喜歡警察，也不喜歡丈夫要值夜班，他就去謀了個老師職位。家裡愛怎麼佈置也隨她，汪奶奶煮什麼他就吃什麼從來沒有過任何意見。下了班就回家幫忙帶孩子，薪水也全都交給太太，「去哪找這麼好的人呢，一千塊給他放在袋裡，一年後還是一千塊，半毛不少。」「煮飯洗衣他樣樣都做……。」汪奶奶突然碰出一句「早知道他這麼好，就不等到 16 歲了，10 歲就嫁給他……。」

因為汪爺爺在餐桌上毫不挑惕，汪奶奶沒學會幾道安徽菜，也因此汪家的餐桌上有的往往是台灣的古早味，特別是碗粿、炒米粉、麵線糊等等，每次開火時隔籬鄰居都忍不住探頭探腦的。小兒子大同最愛豆芽菜，汪奶奶因此管豆芽叫「大同菜」。滷味也有別於外省的鹹，帶著台灣人喜愛的甜味。醬油、紅糖、冰糖、八角、酒，和著豬蹄，帶幾枚雞蛋，再丟入油豆腐、海帶。炒幾味菜，再配個香菇雞湯，就是汪奶奶最喜愛的年菜款式。現在年紀大了，女婿怕她辛苦，在大飯店訂一桌兩萬塊的年夜飯汪奶奶還不太開心呢，在奶奶心裡，那種年前忙著做臘肉，直到除夕一家大小坐在自家的圓桌旁，一起聽著哪戶鄰居先放炮，就知道那家在外的遊子都回來了，這種熱鬧與氣味才是真正的過年團圓呢，外面的飯店哪裡比得上。

劈劈啪啪後滿滿一地的紙炮屑，是喜氣，初六後才陸陸續續掃起來。那時的黃埔眷村，家家戶戶韓國草、竹籬笆，道路兩旁夾著朱槿，女孩們摘其花兒辦家家酒，男孩們則取其枝條玩騎馬打仗。鄰居們互相熟識，夜不閉戶，「拆了牆都是一家人」，任何一個叔叔伯伯，孩子們只要能喊得出、喊得對，就能得到紅包。陸軍官校初一仍有升旗典禮，只要去參加，也都有紅包。這種緊密的不分彼此、簡單卻又甘之如飴的生活精神，也是汪奶奶的孫女曉薇在離開眷村後最想念的。小時

候的她每逢假期就被丟回村子裡，當時只覺得無處不無聊，但就如一句老話：「日子過了就好了。」日子越是簡單，她越是尋出許多樂子。問問那些住過眷村的，人人都有一大把土遊戲土趣味，當時玩著、日後回憶著，越陳越香，全都是日子換來的，金錢買不到的。

承載著一切的家

當時軍公教的薪水並不高，單靠男人的薪水要養活一家並不容易。民國五十五年，經濟部在高雄前鎮設立第一個加工出口區，至此年輕女工便成為經濟櫥窗中重要的身影。汪奶奶就是其中之一，早上六點就帶著汪爺爺親手做的便當坐上開至村口的交通車，晚上十點才回來。毛衣、玩具、皮鞋、人造花，這些都是台灣經濟奇蹟中外銷的熱門商品，一個月大概能掙個 2000 元。那時汪家么子念官校了，即便家就在隔壁也得住校，他就是天天從校舍的樓上俯瞰著黃埔眷村的家，看著媽媽六點出門，又看著爸爸打理好一切後趕去教課。幾個同學，假日衝出校門的第一站就是汪家，因為離學校最近。血氣方剛的大男孩們，砰砰砰地把書包校服、大盤帽扔進木製的大衣櫃裡，換上便服，吆喝著打彈子去，或者，和心儀的女孩

去看電影。也可以跳上客運，晃到鹽埕區的大新百貨，要上去還得爬鐵樓梯，但那可是擁有全台灣第一座手扶梯的百貨喔！

孩子們都成家後，汪奶奶到鄰近的菜市場擺攤，賣她拿手的碗粿、炒米粉與麵線糊。她的說法是閒在家太無聊了，但事實上是，那個年代的媽媽總是想著要為家中補貼點什麼。每逢端午，汪奶奶還要包粽子，不是幾百個，而是上千個，分送給散居在台灣各地的兄弟姊妹與親朋好友。汪爺爺則是喜歡提著工具箱，村裡那戶人家不論什麼東西壞了，他都有辦法修好，還因此得了個「萬年博士」的稱號。

如今汪爺爺不在了，那些工具仍好好地收在工具箱裡，由他兒子一件件地向大家介紹。汪奶奶的個性嘴上是絕對不說愛的，但聊起過世的老伴，她輕嘆：「還是男的先走比較好啊，若是女的先走，他們要怎麼照顧自己啊。」道盡一切。

天起涼風，日影飛去，黃埔眷村已從紮紮實實的生活幻化成某種夢境似的瘠涼地區。但在這一區衰敗如灰燼的景片中，汪奶奶的房子仍顯得精神，它沒有眷村常見的黑瓦灰牆，而是那種地中海風情的濃豔鮮黃，在夕陽中如火星般閃耀著。灰燼與火星，不滅的爐膛中總會有的兩樣東西，看著奶奶與即將出國遊學的孫女站在屋前合影，不由地相信眷村精神是不會熄滅的。汪奶奶在提問下害羞地笑著，說不出她為什麼要把屋子漆成那樣的顏色，只覺得那精神好看。是呀，的確好看，因為那是承載著一切的家。

它改變了很多，但我對它有更多期待

楊貽茜

在頹圮中，面對自己，擁有自己，然後創造自己的地方

台灣是個海島，是個移民之島。而眷村，當然就是移民之村。不論是心甘情願，還是情勢所逼，總之，要在一個地方待下來，就是得挽起袖子，與土地拼搏，流血流汗。

七年級頭段班的詩媛是個小個頭的女生，說話風格理性中夾著熱情，隱隱揮散著高雄人的血性。這個年紀的年輕人沒有經歷先人流血的年代，但流汗對她來說卻是家常便飯。詩媛是個舞蹈家，土生土長的高雄孩子。在排練場揮汗，一遍一遍把動作做到最好，詩媛是這樣長大的。

在故鄉展開全新的旅程

都說高雄是個工業城，以前還有「文化沙漠」這麼個半戲謔半無奈的別名，但詩媛家的三個姐妹一個音樂、一個美術，一個舞蹈，全都從事藝文方面的工作。會這樣讓孩子追求自身興趣的爸媽，某種程度上也代表著經濟發展後中產階級的父母對下一代的想像。生活不虞匱乏之後，人民開始追尋心靈上的提升。這也正是高雄在經歷了加工出口、重工業、貨櫃轉運等勞力奉獻後，追求城市經濟轉型的軌跡。黃埔眷村的「以住代護」就是在地文資保存意識抬頭下的嘗試。

「我以前對眷村一無所知。」詩媛毫不隱瞞地說，本省家庭出身的她，政治立場

也跟眷村的傳統不盡相同。即便黃埔眷村所在的鳳山，就在她苓雅區老家的隔壁，「但從小就是往西邊去玩，苓雅以東的地方幾乎沒有去過。」15 歲國中畢業後，她北上求學，接著就是將近十年的旅外生涯，住過美國、以色列、新加坡，教學、跳舞，家鄉高雄幾乎快停格成一個年少時期的遙遠記憶。如果眷村曾經乘載著一整個世代漂泊的回憶，那麼像詩媛這樣的海外遊子，如今卻成為黃埔眷村以住代護的第一批進駐者，也是種奇異的命運連結吧。

在外人眼中，詩媛是回鄉，但對她來說，卻是全新的開始。鳳山，是陌生的新地區，眷村文化，是不熟悉的新文化，老屋翻修等工事經驗，更是完全不同於她熟悉的排練場，更別說她自己站在生涯抉擇的十字路口上，從一個完全聽從編舞家指令的舞者轉換成創作者，從一個老師轉為荒廢地區的開拓者。這趟從裡到外重新自我爬梳的旅程並不容易，在下地「墾荒」之前，就先來了趟家庭革命，因為爸媽不能理解為什麼女兒要花這麼多時間與金錢搬進一個離基本居住條件都還很遙遠的破房子，更遑論要創作，女兒的年紀已快要告別舞者體能最巔峰的黃金時期了，青春無價呀，賭在這個三年後就得歸還給政府的地方，對嗎？值得嗎？還有更令他們擔心的，這裏安全嗎？「但我就是需要一個屬於自己的地方，」詩媛的回答

很簡單，信念般的篤定，「一個可以面對自己，擁有自己，然後創造自己的地方。」

一面牆的窗下擺了一整排的礦泉水瓶，瓶身上的標籤用黑色簽字筆工整地標註著日期。瓶子裡的水，是深淺不一的黃色。要不是我們問起，詩媛是沒打算向我們介紹這奇異的擺設。「那是我第一次體會，什麼叫邊緣化。」

為荒廢重新注入活水

一天，水龍頭流不出乾淨的水。詩媛做了所有小市民都會做的事：打電話給自來水公司。但她沒料到的是，接下來的日子裡，她還必須反覆打給相關單位，打到幾乎相關人士都知道有個邱小姐一個人住在黃埔新村西巷某號。弔詭的是，永遠有人接電話，但髒水問題就是沒辦法根除。所有的單位都跟這裡有關  聯，但似乎沒人真正負責這裡。「那個時候這一區只有我一個人住，又是管線的末端。」詩媛停頓了一下，「派人來修可能不符合經濟效益吧。」勢單力薄，詩媛只能留下水樣本作為陳情的證據。那一瓶瓶的水，成為另類的日記。

「為一個荒廢的地區重新注入活水」，詩媛的取水小故事就是這個文化復育計畫現實挑戰的縮影。政府的美意在落地執行的時候有千百種意想不到的問題需要第

一線參與人員的處理，例如擁有產權的國防部與推動計畫的文化局對這塊區域的權責劃分，民間力量與政府規劃的想像是否能夠同步？這項企圖讓過去進入未來的工程並沒有太多參考範例，一切都要邊做邊調整。如同詩媛帶我們參觀她的練習室，她摸著木頭地板上的舊痕，告訴我們這邊本來是原眷戶放置櫃子的地方，她推想著先人在這裡生活的方式，試著保留下原本的地板，但又要符合她創作的需要。藝術家的原始計畫因場地的現實條件而改變，同樣政府也面對相同的挑戰，如何保持彈性不造成牽制，如何兼顧都市發展與文資保存，所謂的「尺度」是雙方無法迴避的共同功課。詩媛說自從她搬進黃埔眷村起，常常思考「環境如何影響一個人」，對照政府如何讓人民去改變一個累積許多舊歷史的地方，如同一進一退的恰恰舞，就看日後如何一同把這舞跳下去。

有投入就會有改變

詩媛並不是單打獨鬥的。她的夥伴，新加坡籍的紀錄片工作者婷婷最近也遷入了工作室，與詩媛同樣是加州藝術學院校友的她，與幾個志同道合、不同領域的好友們，總想著能一起做些什麼，但隨著畢業、工作，大家東南西北的跑。如今有了個基地，支持婷婷辭掉工作飄洋過海的信念就跟詩媛一樣：「該是為自己做點什麼的時候到了。」她小小的剪接室兼辦公室還能塞進一張小小的沙發床，屋頂則是貓咪的運動

場，晚上可能在貓咪追逐的拍擊聲中入睡，白天被南台灣的大太陽曬醒，這些都是高度都市化的新加坡再也不會有的風景，而黃埔新村安靜到晚上可以聽見白蟻破土而出的聲音更讓她驚異。當然，驅除白蟻，又是另一則抗爭故事了。

談論到眷村的歷史免不了觸及到政權的遷移，婷婷和詩媛對即將到來的總統大選都感到興奮不已。特別是婷婷，新加坡雖然號稱是民主國家，但只有一個大黨，幾乎沒有小黨的生存空間，像台灣這樣大小黨百家爭鳴，人民直接擁有切切實實

對政府發聲的一票，她是感到新鮮而又羨慕的。「民主」，讓全世界的華人追求了快整整一個世紀，親眼目睹，再親身體驗其迴響，感覺就是完全不一樣。台灣內部一些有爭議與對立的地方婷婷並不是沒有經驗。例如詩媛在辦公室掛起反核四的旗幟，就讓一些來參觀的外省伯伯們默不作聲，他們支持的政黨對能源是另一套想法。又或者，肩上掛兩顆星的將軍告訴她們：「妳們這兒修得不錯，就差張老蔣的照片了！」這時，默不作聲的人變成了詩媛。身為一個親近的局外人，婷婷的註解是：「台灣是個人人都可以有自己聲音的地方。」

詩媛和婷婷到今天都還持續在探索這塊新天地。最近她們發現下午約莫三、四點時，村口有一伯伯推著車來賣大餅，那餅簡簡單單，卻香得狠，動作慢點還買不到。其他不同梯的進駐者陸陸續續遷入，她們為此興奮不已：「不然只有我們，好寂寞哪！」問她們，如果只能選一件事物，目前在這裡最想要的是什麼？她們的答案不約而同都是電影院。「整個鳳山地區竟然沒有電影院！」是呀，自從高雄最老的戲院，鳳山東亞影城歇業後，鳳山居民若想看電影就的確只能往西邊市區去了。所以詩媛與婷婷計畫著要在工作室辦電影小沙龍，投影機、一面白牆，雖然

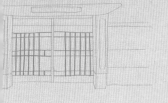

還在傷腦筋要如何在有限的空間內安排座位，但片單已經決定好了，第一部是紀錄片「看見台灣」，接著是一些非主流的新加坡、印度的電影。一種由本土向外擴散的概念。

臨別之時，我問詩媛，離開這麼久，覺得高雄有什麼不一樣？詩媛想了想，說：「它改變了很多，但我對它有更多期待。」而這個改變靠的就是在地的她自己，而她早已投入。

吃在嘴裡的鄉愁

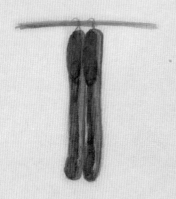

臘肉：許多眷村媽媽都會準備臘肉做為年菜，由於各省分的臘肉做法各有不同，加之環境變遷與其他飲食文化的交流，臘肉口味也逐年變化。有不少嫁入眷村的台灣媳婦學得一手眷村菜後，也會融入台灣傳統口味。

日據時期所建的黃埔眷舍，家院中幾乎都有垃圾箱和防火坑。防火坑內平日堆放沙子，如遇火災時可即時取得滅火。有不少眷村媽媽會利用防火坑作為醃臘肉的窯，將裡頭的沙子暫時取出，把臘肉一條條掛在坑內，底下放糠殼作燃料，外面再罩上一層布，讓煙燻風味嚴密地悶在坑內，如此燻製三天。

燻好後的臘肉得經曝曬，曬臘肉和香腸時除了怕下雨也怕貓偷吃，這時候常常會叫家裡的小孩子坐在院裡看守，是不少眷村人的童年記趣。

第三部

用實際居住，守護眷村

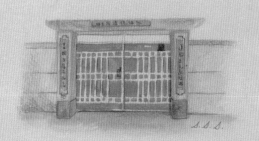

日子就像種子，
慢慢長出一些細根，和土地傳遞著悄悄話

幾年前，因為一場在柏林的合作使思妮和秀穎得以進一步合作與結識，從此成為共同打造劇場夢想的夥伴。

當時台灣與日本相繼發生令人難忘的大地震，死傷損害難以計數，生者留下無盡難眠夢魘。學習偶戲藝術的思妮於是籌畫在柏林以魚的形象，上演一場長達七十二小時不間斷的行為演出。秀穎除了做為舞台設計，同時也擔任戲偶製作，兩人花了一個月的時間雕塑出一條無比巨大的曼波魚。演出時，思妮會穿上這條魚跳舞，進行各種日常生活，龐大的魚身不斷打翻屋內陳設，如同地震般。

劇場裡的生命總是因為各式各樣不同的創作計畫而相識，既而找到具有共同理想的夥伴，而又衍生出更多作品。故鄉在高雄的思妮首先發現黃埔新村以住代護的機會，而早在此之前便已醞釀著返鄉的想法，加上劇場工作需要大空間工作，於是就邀請了家住板橋的秀穎一同回到台灣。

朱槿守護的家

他們所申請入住的是保留日式矮牆庭院，牆緣長滿高過視線的朱槿，盛開時，滿

園紅綠，常常讓路過的人忍不住駐足。多年來，這些美麗的花由劉奶奶用心呵護，已九十好幾的劉奶奶始終鍾愛這座親手打造的家園，從一開始國軍分配三個家庭共同生活在這座院落裡，直到後來因生子、鄰居搬遷等各種因素，終於將整個完整的家園買下來，劉爺爺當時花費了將近可以買下一間新房的積蓄，重新裝潢與擴建，每一個工事都留下這個家成長的痕跡。

推開紅色矮門，穿過庭院，一座典雅的白色小玄關迎接著來訪的客人。屋子裡保有日式的落地窗，憑窗而坐，視野正好伸向庭園植物與其上延展的天空，而牆上那一列朱槿則成為最忠實的守護者，保護院內的隱私。倚著後院那一方的是日式建築中所特有的緣側，作為室內與室外的交界，不過為了適應台灣環境，廊上搭建了白色木頭結構的紗網，以免夏季時節的蚊蟲侵擾。據說劉奶奶一家人從前在夏夜時甚至會在這條走廊上席地而睡，而這條連結兩個房間的走廊，也擔負著保持著室內良好通風的功能。後院則是一片綠地，矗立著一株芒果樹，天氣稍微轉熱，芒果紛紛熟爛落地，滿園果香，吸引不少鳥雀和松鼠來飽餐一頓。

思妮和秀穎入住後，最先整頓的也就是庭院。他們移除了往後將崩壞矮牆的榕樹，挖除樹根，並利用截下的樹枝搭建絲瓜棚，並種下茄子、紫蘇、金蓮花、紅莧菜、櫻桃蘿蔔等。每日掃盡的落葉則堆在後院以厚土培植法，圍出圓形的菜畦，養護更多植物。

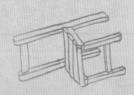

在入住初期，由於高雄登革熱疫情嚴重，各地皆有噴灑藥劑以及修剪雜草樹枝的因應措施，未料朱槿也因此被粗心地砍去大半。為此，思妮和秀穎相當心疼。彷彿家門口破了一個大洞，急著想要弄點什麼東西來補上，又想到若是年邁的劉奶奶知道，不曉得會有多傷心。可是後來想一想，這個洞只能讓時間來彌補，非人所能急就章地填補。在黃埔日子越久，她們和這些植物越像，從起初的種子，慢慢長出一些細根，和土地傳遞悄悄話，因而也決定放任那個被破壞的植物矮籬由自然去修補。再多想一想，也許這些都是故事發生過的痕跡，是未來可供回憶的往事。

家門口就是要有一對沙漠玫瑰

據說劉奶奶一家人是最後搬離黃埔新村的一戶，和大部分居民一樣，他們選擇了就近搬遷，因此能常常回到這裡。劉阿姨繼承了母親喜歡種花的性格，種了許多盆蘭花，離開時託付給工作站的保全人員照顧，並且三天兩頭就回來照料，秀穎也是因為這幾盆蘭花和劉阿姨聯繫上。

家，不僅只是空間的定義，更是精神堡壘的所在。當這樣生命寄託的空間移交給陌生人時，心中的防備必須靠一次又一次的接觸與了解來拆除。

她們還記得那天下午騎著機車回來的劉伯伯，曾不悅地說房子被她們「搶走了」，但隨後又笑著將這樣的變遷轉化成緣份。或許真的是有緣，直到現在，劉阿姨和劉伯伯輪流回來，和思妮、秀穎親切交換照顧房子的經驗，已經成為家常便飯，甚至

嘆道，早知道是妳們來住，當初就應該把能用的東西留下來。有時候，劉伯伯會帶著一張老板凳，放回這間房子，有時候是帶回從前整理庭院需要用到的樹剪等工具，一邊還會述說起生長在這裡的往事。院中那株榕樹就留下了劉伯伯曾經從樹上摔下來的回憶，後院那間看起來格外陰森可怕的廁所，是劉伯伯青春期時，躲在裡頭抽菸的祕密基地。這樣不經意地分享，讓原本對那間廁所帶有恐怖想像的思妮、秀穎開始有了「就維持原來的樣子也不錯」的想法。

說起來對於這間房子原本有好多的改建計畫，都因為劉阿姨和劉伯伯點點滴滴的回憶，讓這些計畫一一取消。就拿客廳的裝潢來說，現在看來相當過時的木頭裝潢，原本已經被列為拆除項目之一，但聽完劉阿姨說到父親當年花多少心血佈置，再回頭看到這些老裝潢的眼光也變了。

還記得有一次劉阿姨心血來潮帶她們去參觀「別人家」，穿梭在雜草橫生的黃埔巷弄間，在思妮、秀穎眼中看到的是一間間沒有了門、地板塌了、屋頂快掀了的廢墟，但是在劉阿姨眼中彷彿是另外一個時空，那個小時候他們到處串門子，如入自家般走進鄰居家，熟門熟路的到處打招呼。就這樣，戴上劉阿姨那副奇妙的回憶眼鏡，也開始讓她們思索更多對改造的想像。每當要牽一條電線，或是拆一個結構，她們想到的是如何對自然更友善，如何讓以後住的人更舒服，以及對前人的尊重。

聊著聊著，秀穎提到有一天，劉伯伯騎機車載著一大盆沙漠玫瑰出現在門口，這是當初搬遷時已經送人的盆栽，離去後，就獨留另外一盆在門口孤單守望。思妮和秀穎原本對沙漠玫瑰沒有特別的喜愛，正盤算著要換成一株桂花，不過看到劉伯伯不辭辛勞特地向朋友要回盆栽，突然覺得，是啊，家門口就是要有一對沙漠玫瑰嘛。

老屋新計畫

熱愛創作的思妮、秀穎除了持續的戲劇創作，因著從遙遠異地回到故鄉，也有更多具行動力的計畫。打通了客廳和臥房的隔間，寬敞的空間伴隨老故事，未來將是誕生一齣齣精采戲劇的排練場。

相較於柏林，台灣是到處都稱得上便利的國家，對此思妮開始思索我們使用的水到底是從哪裡來的？不僅只是打開水龍頭這樣簡單的動作，那些埋藏在牆壁裡、地底下的水路都讓思妮深深疑惑，希望能帶領大家來一趟尋找水源的小旅行。秀穎發揮她實作的想像力，想要設計一套買菜專用的「菜蝦趴時裝」，期望能達成不用塑膠袋購物的目標。

不過，這些都不急著實現。住在這裡，時間是最大的主人。種下一株幼苗時，要好久好久才能看到一點點生命生長的動靜，有時候好不容易長出的葉子居然被蝸牛大嚼大啖，但是看著庭院的樹木，總讓她們想起在好久好久以前，第一個種下的人，以及好久好久以後正在享受著這些的自己。

那麼，慢一點又有什麼關係呢？

黃埔嚴選

陸軍官校：國民政府撤退來臺後，黃埔軍校復校於鳳山，也就是今日的陸軍官校。官校所在位置是孫立人將軍當初的練兵場，村中許多居民亦在軍校任職。陸軍官校與黃埔新村關係緊密，每日聽聞軍校的起床號作息，村子也因為官校而有建築高度限制。孩子上下學，更是直接穿越軍校回到黃埔新村，毋須經過檢查。

替誰劈開錯節

陳育萱

挖開時光隧道，
沿途仍有散落的眷村童年碎影

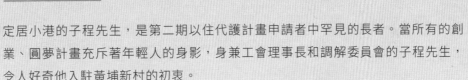

挖一條時光隧道

定居小港的子程先生，是第二期以住代護計畫申請者中罕見的長者。當所有的創業、圓夢計畫充斥著年輕人的身影，身兼工會理事長和調解委員會的子程先生，令人好奇他入駐黃埔新村的初衷。

「因為小時候住過台南富台新村」，他提起往事，神采煥然，「老家位在成大宿舍區一帶，連成一氣」。眷村生活是特殊時代下的特殊產物，他的童年、少年時代均在鄰里家舍相聞，人際網絡息息相關的眷村。

極度相涉的社群，令人誤以為同質性極高，差不多的家庭背景應是一個村子，各家和樂融融。然而，現實情況卻更接近真實社會的具體而微，年長體衰尋覓不到理想婚配對象的遷台軍官，禁不住離鄉背井寂寞肆嚙，時代之中有限選擇下的結果，意想不到的是第二代進入向下流動的循環。大膽些的混幫派，膽小的則也花招百出，三教九流均雜佈其中，什麼樣的人都有。可是，沒有「帶壞」與否的問題，「平時打架的打架，玩在一塊的玩一塊兒，逢年過節，熱鬧得要命」。串門子是眷村特殊一景，這使得節慶更有氣氛，「國慶日家家戶戶都插著國旗，妳見過沒有？」渲染著氣氛的歡愉，子程先生語氣也昂揚了起來。

不在特定時代的人，自然見不著昔年。子程先生懷想著悠閒寧靜的時光，迅速規

劃、整頓了申請得來的空間，裡裡外外看來已很有生活感。僅花了五天內完成裝修工程，一來工作忙，二來不免也是懷著想趕緊入住的願望。眷村外牆不變，一切依照原貌。不過，已經腐朽的和室地板耗時耗力，挖去、重新建修，再加上牆壁粉刷，管線重新配置。最快速度換來一個最接近往日時光的所在，值得。

起身介紹起自己的房間，位於客廳後方的台階上，「我平時就住這和室」。房內衣櫃、床鋪應有盡有，使人恍覺這戶人家未曾走離。對他來說，過好生活的條件也包含時有好友走動的餐廳。

「朋友們一聽我把空間整理好了，便時不時興起說要來我家聚會。」他笑得挺得意，因為趁機露兩手好菜，也算不枉這些年漂泊心得。大陸大江南北的菜吃多了，舌頭刁，懂得吃，台菜、川菜、浙江菜都略懂一點，吃多就會做了！神情顯示難不倒自己的自信。問及最擅長的菜色是什麼？暢言爌肉飯，清蒸石斑，紅燒蹄膀等等，子程先生眉飛色舞。不過口味隨著定居台灣日久，拿手菜改良得不似大陸這般鹹重，同時，隨著妻子步入暮年，重視養生，年輕時經常上桌的大菜，也逐漸不受青睞了。

世事如此，所有的熱鬧均會隨人事流轉而暫時告歇。

想當年，團體約束力隨著眷村第一代住民的凋零，第二代離村打拼，逐漸拉開這一群人的記憶向心力。這是歲月推移下，不得不的結果。子弟們都得歷經遠離眷村，出外打拼的過程，子程先生的經驗亦稱得上是周折百轉，曾在大陸經商未果，之後返台，輾轉來到高雄地深根。三十多年過去，忙碌的生活縱使逼人如陀螺繞轉，但對於胸中擁有種苗的人來說，時光流轉也未曾散落的意義，甚至會在哪一天機緣湊巧時，開枝散葉。

只是，說起真正的寂寞，那還該是全台眷村拆遷，住戶住起高樓大廈的趨勢。便利性有餘，雞犬相聞不再了。原來，再緊密的人際網絡，家屋的概念意義在所謂現代性浪潮下，難逃支解疏離。

懷念著毗鄰而居，房舍猶有小院落得以種菜的生活，子程先
生及時把握了機會，通過申請，將勞資調解工作站設置於
黃埔新村。

他彷彿是篤定地開挖起時光隧道，一景一物，要開鑿出歲月之中
被遮蔽的岩洞，同時，沿途仍有散落的童年碎影，朝著他忽遠忽近地
湊近、旋離。

破解錯節獨立調解人

身兼三份工作的子程先生，最重要的一環是勞資調解。這樣的敏感議題，他絲毫不
退卻，一投入就到現在。

早期台灣並未有健全而完善的體制來保障勞工，而
勞工數最多的高雄，時至今日，仍進步有限，勞資
雙方的糾紛未曾少過。

「七、八成的資方都沒有按照勞基法來。」這樣的
結論著實讓人吃驚，但卻是事實。調解方式分為透
過獨立調解人或經由調解委員會，子程先生表示，
他經手的案件，幾乎高達八成能調解成功。

然而，何以屢屢發生勞資糾紛？「政府推行了勞基法，卻未規劃完整的配套措施。」對於小生意、小資本的經營者而言，若開設一家手搖杯飲料店，通常得雇用人手。如真要照勞基法規範，則極有可能連經營者自身薪水都有困難。再者，諸如大樓管理員的薪資是由全數住戶共同支付，若碰上住戶意見不一致，不肯多付管理費以達勞基法標準，往往又陷入無解的死胡同裡。只是，不可諱言，不少經濟規模無虞的公司因苛扣薪水、無故解職……等事件而引發爭議。因而，調解委員會服務對象比一般人認知的範圍更廣，舉凡公車司機、學校、醫院的餐廳職工、工友，他都曾經手。說來諷刺，過往經驗中，上市公司亦不能免俗，被認定為半國營的企業員工，亦經常尋求調解協助。

自從網路發達以來，有助勞工培養敏銳度，關於已損權益的薪資待遇，往往能於第一時間獲得最新資訊。雖然目前勞工爭取權益的現狀，不見得有足夠成熟的社會氛圍來因應、支持，不過，對照昔日法規闕如的情況，乃至後續勞基法成立，以至近幾年頻頻出現的大規模求償，無一不是 NGO 組織、義務律師團或關懷相關議題的公民，朝更細緻的人性需求以及公理正義努力的一面。

這樣的嘗試將首次在以住代護計畫中亮相，不上街頭，就只坐下來，讓雙方談個明白。調解人使著一把刀，不輕易喧嘩，卻鋒利得很，對盤根錯節的對錯明瞭於心，只稍有人推開紅色鐵門，轉個彎，便會見到轉機從迎面而來的身影浮現。

黃埔嚴選

誠正國小：誠正國小原名「陸軍子弟學校」，設立於中國貴州，是孫立人將軍為其部屬子弟所創辦。孫將軍向來重視教育，帶領部隊來到黃埔新村後，即復校於村子旁。早年黃埔新村原名為誠正新村，後改名為黃埔新村。誠正國小部分學生上下學時行經陸軍官校，後來為維持校內秩序，官校安排「軍用卡車」接送學生放學，並不時舉辦展覽邀請學童參觀。

在他鄉相逢

夏夏

打從亮瑜家開始動手整頓，就一直是整條巷子最熱鬧的一間，亮瑜一家人也總是大方的敞開家門滿足我們的好奇心，而他們的用心，則讓眾人又更加期待修建成果。

雖然原本作為主要出入口的紅門因年久失修而無法開啟，但一旁另闢車庫大門，進出更寬敞。前院有幾株桂花和前屋主所砌的花臺，陸陸續續已經種下不同植物，等待發芽。再往院子更深的牆角有一方菜園，剛搬進來時，亮瑜和媽媽從土裡面挖出好多老磁磚，棕紅色六角模樣十分討喜。聽工班師傅說，這應該是從前

來修屋的士兵懶得將物料繳回，所以順手掩埋了事，由此也可以看出黃埔新村和軍方單位緊密的關係。

這樣的整件過程少不了拆拆補補，因此也常有意外的驚喜，過程如同尋寶一般。為了讓作為房屋主要結構的木頭能夠呼吸，他們將塑膠地板一片一片刮除，天花板裝潢也逐一卸去後，竟發現老檜木靜靜躺在歲月的隔間裡，想來是更久以前的屋主捨不得扔掉這些珍貴的木材，而將暫時用不上的殘件擱置在屋頂夾層。裸露出來的樑柱間，則掛上媽媽裁製的繽紛花布三角旗，讓屋內增添色彩。

入口處油漆斑駁的牆壁可以見到部分編竹夾泥牆的內裡構造，為此，他們特地找來老木窗安置在其外，方便訪客觀察。 部分牆面更以強化玻璃代替，讓空間與視覺都更流動。

打造出這樣一個高度開放性的空間，是為了作為長期關懷東南亞移工的基地。

眷村裡的東南亞

黃埔新村成立之初，在此地落腳的是一群遠從大陸各省分而來的軍人和家眷，在這樣特有的社區形態中發展出獨具特色的眷村文化。呼應這樣新住民的身分，如今台灣在各基層工作環境與家庭場域中已有不少來自東南亞的身影，而據說黃埔新村所在地的鳳山地區是全台灣新住民人數之冠。

回溯亮瑜最早關於移工的記憶，幼年時親戚家請了一位年約十八歲的印尼女孩，他們喚她阿尼。亮瑜和妹妹喜歡和阿尼玩，彼此間感情要好，沒想到有一天阿尼趁著倒垃圾時帶著簡便的行李逃跑了。這個事件在亮瑜心裡埋下很深的影響，講起這段往事時，亮瑜提到，那些移工們未必被雇主虐待才會逃跑，而是有太多個別化的因素與共同性的問題所導致，有時候僅僅是因為三年的合約工期間都沒辦法擁有私領域，而令人崩潰想逃離。

因為曾經與阿尼那樣真心交會的時刻，讓亮瑜對這些遠從異鄉來台的遊子有了深刻的羈絆。記得當時東南亞發生大地震，造成嚴重死傷，亮瑜和妹妹擔心地問阿尼她在印尼的家人是否平安，阿尼告訴她們，震央在距離印尼很遠的地方，而印尼很大，就算下了飛機，阿尼還要花上兩天的車程才能真的回到家。從那時候起，亮瑜開始發現到每個人都是不一樣的，從此開啟她觀察生命的眼光。

上大學以後，由於社團課程而開始接觸到移工。直到大學畢業為止，亮瑜有三年的時間負責設計課程內容，和同學一起到新竹的收容所探望即將被遣返的移工。現在回想起來，那些簡單的手工藝課程常常讓移工不耐煩，頻頻抱怨不如讓他們利用這

些時間打電話回家，在那樣的環境裡，每天只能輪到三
分鐘的通話時間，對他們來說是何其珍貴。

和亮瑜一起經營「眷村裡的東南亞」的媽媽從事護理
工作數十年，常在醫院裡看到移工照護老人的辛苦，
哪怕是像阿尼那樣年輕瘦弱的身體也要扛起失去行
動能力的長輩；或是獨自推著坐在輪椅上的長輩到醫
院，在語言不甚流通的情況下，完成看病的複雜流程；
甚至面對醫師的看診詢問，家屬只能依賴移工來回答
病人的一切照護細節，卻未能給予應有的尊重和感謝。

學校畢業後走訪台灣各地，亮瑜還記得有一次徒步橫
越海岸山脈直抵太平洋，一路上從繁華的都市經過客
家村莊、原住民部落等，三天的路程中看到融合在台
灣這片土地上的各種文化，也將那份美的震撼銘刻在
心中。

文化需要被理解，才能夠有認同和尊重。因此，亮瑜長
年積極投入關懷東南亞移工，並且採取更柔軟的姿態，
與他們站在同一條陣線。在這個空間裡，舉辦美食交
流、彩繪國旗等活動，讓東南亞朋友從往常的配角成為
活動的主角。往往他們在工作之餘散發出的神采，與平

日所見的形象大不相同，讓人眼睛為之一亮。也讓人聯想到每逢假日群聚在台北火車站大廳的移工朋友，席地而坐，互倚互靠，吃著家鄉菜，那份自在與滿足與日常工作時的樣態，大不相同。

另外，「眷村裡的東南亞」藉由角色扮演的劇場肢體工作坊，讓參與的人在遊戲中互動，進而體會移工在現有體制下的困境，讓大家共同思考移工制度的改善方向。

同時也利用社群網站的即時性與高互動性，不定期發佈相關介紹文章或是提出有趣的問題，例如元宵節時，越南人會如何慶祝？開年飯中不可少的食物是什麼？這些貼心的策劃，都是為了讓大家從不同角度來認識每一個移工都是一個生命個體。

讓家的味道蔓延開來

亮瑜的媽媽除了是專業護理師，也是深藏不露的藝術工作者，非洲鼓、裁縫、繪畫都難不倒她，家裡處處可見媽媽的巧思。例如餐桌旁的牆面有一整座從地板直通到天花板的櫥櫃，全放滿媽媽蒐集的杯子。而櫥櫃旁的牆面則是幾何圖形不規則組合而成的手繪圖案，心血來潮就畫上幾筆，漸漸延伸成有機的樣貌，彷彿這個家的生命正在擴展。圖案中央的空白處是隨筆寫上房屋工程記事，是充滿生活感與熱愛生活的小巧思。

在開放的主屋空間中，有一間唯一緊閉房門的角落，裡面正住著剛從獸醫院接回

來的街貓大尾，是一隻黑白賓士貓，還在慢慢適應大家族生活。而等待著牠的，是與主屋隔著一條木棧道的居家空間，裡面住了八隻貓。充滿愛心的媽媽常常悄悄帶回街貓，有時候不經意間，就會發現家裡怎麼又多了一隻陌生的尾巴。

除此之外，媽媽也和附近居民、黃埔原住戶不時在家裡開會討論，輪番誘捕黃埔的流浪貓，進行節育措施。

搬到黃埔新村之後，因為大空間、大工作桌、大窗戶、大活動空間，心情也開闊了，一家人一起動手做事情的感覺讓夢想實踐的藍圖也變大了。「眷村裡的東南亞」，今後也將舉辦更多活動，成為東南亞朋友的去處，就如同當年包容了來自各地的人們。

黃埔嚴選

大象林旺：台灣人曾經熟知的動物明星——大旺，是孫立人將軍從緬甸帶回鳳山，在遷移至台北木柵動物園之前，曾飼養在黃埔新村七年，先後住過東六巷巷底以及誠正國小內。國小校內早年有大象造型溜滑梯，現已拆除。

紅門有夢書作舟

陳育萱

黔印一方童年的夢

黔印在申請書的章，是人生第一顆，也是國小老師挑的，隸書而不是楷書，說是適合我。時光從窗口灌注冷風，半露外牆紅門，提及這段往事，口吻輕緩溫柔，「老師對我們的愛很含蓄」，但蘭芝卻記得夠久，久到多年之後，巧遇高雄市政府以住代護計畫誕生時，恰恰好與童年往事騎縫在黃埔新村。

彼時，從大東國小借調到誠正國小，擔任五年級班導的吳老師，因幼年逃難，長年營養失調，即便長大成人也體質虛弱，然而弱不禁風的身軀，卻有驚人膽識將當初的問題班級重整為全校模範。問及，祕訣在哪？蘭芝想了一下說，「大概是對班上同學一視同仁吧！」言談中掩抑著成長過程中迎對的難題，那是成績再優異也不見得容易的和諧與快樂。隨冥冥緣分而降的老師拯救了本以為將持續慘澹下去的景況，不僅如此，嚴明的老師其實對她有著特別的關懷，「拍畢業照那時候，一向含蓄公正的老師，竟然走到我面前，把我的瀏海撥好。」除此，在錄製當時當紅節目《兒童天地》的前一天晚上，老師竟拜訪了她的家，只為問一句：「明天錄影的衣服，妳都準備好了嗎？」一位女老師在困苦年代對一位或許沒有經濟能力裝扮為小公主的學生，透出的關切不灼人，只像巷口遠望的燈火。這份顧念，令蘭芝升上道明中學美術班，起筆畫下一幅墨竹的那日，便蹬上腳踏車，穿進眷村巷弄，穿過大戶小戶的紅門，將它投遞到老師的信箱裡。

自此之後，便沒有再聯絡。沒有什麼特別的理由，若有，僅是瑣碎堆砌成的忙碌，將她一路從悠緩的鳳山，推移到北部定居，求學、工作，似乎景框不會再挪移了。孰知，人生遷變總是來得又猛又急。

陸上行舟，在學會轉彎之前……

三年前，預計出院的父親，病情急轉直下，準備好要迎接病癒後的未來，瞬間擦入無盡的黑邊。年輕時擔任軍職，步兵官校教官的父親，影響蘭芝甚深。童年之所以住在鳳山眷村，乃因配合父親職需，所有歡樂與共的記憶，細碎微小，卻一點一滴隨著這次人生巨變，開始重新逆溯滲入蘭芝的生活。其中，漂浮在她的記憶深海裡，最鮮明的是轟然入腦的巨響。「我第一次學騎腳踏車，還不太會握龍頭，然後，騎了上去就什麼都不會啦，直接撞到巷底路衝的那戶人家的紅色大門，碰——好大一聲，好像整道門都變成聲音迴盪在我腦海裡。」說起這段往事，驚魂未定，一心只想逃跑，大白天就怕有誰要追出來打罵。

那麼，之後學會轉彎了嗎？蘭芝大笑，「先學會剎車再轉彎」。

為驟然失去至親療傷止痛，找到那個止點的過程，就靠心念引發的震盪。當震盪夠廣，那麼紅門回憶是柴火，而一連串的文學課、哲學讀書會、電影課、編輯課便是推波而起的風。

蘭芝沒想過，在小書店參與的哲學讀書會，也能翻攪起驚天巨浪。她未能描述完備的心靈危機，被一位哲學博士生拯救了。每週開始練習讀哲學小說，「其實我也不知那兩小時間得到什麼」，可是，妳知道嗎，她眼神旋利，「從竹東開車回新竹的車上，每次我都大哭。有次還遇到警察臨檢，結果當時還淚流滿面。」笑得快流淚的臉，又說「半年下來，我慢慢越哭越少」。

一個唐吉軻德般的朋友，直接引領她直透內心底洞，她的感動化為對己的檢視，爬過低谷的領悟，「當你有傷，你不要蓋起來，你要打開，它才會真正癒合；你不要遮住，不然它會爛在裏頭。」高遠的哲學，生命歷程截然兩異的人，卻因相遇而重新認識了自己真正的天命與位置。

那麼，隨著撥雲見日而來的，就是直指本心。作家袁瓊瓊出版新書《滄桑備忘錄》時，蘭芝半信半疑，原打算湊合聽一下眷村的二三事，到頭來竟然大受感動，甚至報名了後續開設的寫作課。主題是什麼？家族書寫。蘭芝忍不住興奮，生命中這般巧合的事，助她開始學習將天生的細膩同理，化為具體的文字。「袁瓊瓊老師特別鼓勵學生，我在課程內發表了文章，便會得到好文采的評價」，除此，老師更不吝鼓舞她寫下眷村故事。

雖然認真參與了寫作課，然而想動筆寫他人故事，蘭芝卻覺得相當不易。這份體悟來自於申請通過後，開始整修的一次偶遇。她回憶，那天，一位伯伯，摩托車停著，大剌剌點個頭就進屋來。站在院子，像個好奇的路人甲，結果，他一開口便讓蘭芝訝異：「我以前住前面，我姓方。」又用手指了指，「這間，你這間出

了個將軍，姓華。」蘭芝還記得見到原住戶鄰居的激動，再三請伯伯進門，可是他只定定往裡面望，頭一低，安全帽一戴，轉身就走了。「我追出去，就看到他摩托車前面掛了兩罐甜酒釀，我當下覺得很想哭，因為這位伯伯沒有想進來的意思，也不想跟我聊。他覺得我們不懂。」嘆口氣，她承認這份過度發酵的心情，「也許我一輩子都不會懂，可是我看得見，我看得見你眼裡的深沉」。

因此，為了實踐這份進駐計畫的初願——讓人願意進來講眷村故事，她持續一陣子的編輯進修和充實影像知能。理由很簡單，聽完故事後，不能不曉得怎麼處理這些材料，同時，她也計畫學習從濃縮他人一生的電影中，學會怎麼誘引出開口的第一步。喚醒對方的記憶，放下心防侃侃而談，這原來得眾緣方能成城。

修舊如舊的紅門願望

從童年紅門轟然一聲響，蘭芝至此方知，生命軌跡早已為今日準備多時，她拍下黃埔新村所有紅門的樣子，並著手繪製，拿出水彩作品，以為她有繪畫背景，她卻一笑，「沒有，純粹是拿起筆來，就開始畫了」，只是，目前還不能專注於挖掘故事與繪製紅門。因為這間 22 坪大

的老屋，每一個整修步驟，都使她傷透腦筋。包含要不要遮雨棚？樣式怎麼選？
會不會破壞原有景觀？「我只想修舊如舊」，這是她篤定的堅持，「曾走訪過
一些翻修後的眷村，可是走進去，改了紅磚的顏色，改了門的顏色，我好難
過，那不是我記憶中的樣子」。她指了指房內的那盞被拆卸的日光燈，「我

還想著要換吊燈，還是鎢絲燈，可是，後來我就覺得不對，我不應該強加
我的意識與風格，盡量該讓它保有原來的樣子。」

白熾的燈光，從她盤腿而坐的後方映射出來，意外地將她的身形輪廓照得分明，
一副六角形無框眼鏡，牛仔褲及長袖上衣，簡素瘦削卻充盈隨時準備起身的
活力。蘭芝這才抖出，年輕時曾擔任過兩年女官的往事，在軍中，看著
星星上，星星殞落，外在榮華的那身軍服，於她而言，遠不及卸下軍服
後，曾受她照顧的晚輩會在退伍後遠遠的大喊，喊的還是她在軍中的
軍銜。

「所以，我也是個過客」，她深怕我誤會，「入駐的幾年，我就是船
長，負責掌舵，有緣的人進來，就負責體會。我不是這裡永遠的住
客，所以我要的也不是成就自己」。蘭芝滔滔說起未來的完整想
像，這裡將有一個書房，放置關於眷村的文學作品，院子可以供訪
客跳格子、丟籃球，隨時都有人可以進來，說說他的眷村記憶，或是眷
村第二代帶他的爸媽過來。到時候，在巷口甚至可以放一個小黑板，公告這裡所有入
駐者的活動和發想。

書房為什麼這麼重要？她的雙眸透出智慧，「人會變，情境會變，不過紅門書房可以是一座橋，把困頓的、失去故事的人，引到書的那頭去」。原來，生命曾經的劫難使她芒刺在背，於是，當看得見他人的難過時，蘭芝選擇喚回童年往事，再賦予簇新的豔紅，盼望每位如她一般路過的有緣人，進來，引一炬火把。

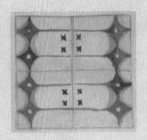

「這就夠了」，紅門有夢，她願為小小卑職門房，蓋下那方印章，換未來的千百個故事。

黃埔嚴選

露天電影：黃埔新村村民回憶早年村中常播放電影，只要將電影螢幕綁在樹上，入夜後，巷子裡就是露天電影院。如西五巷和六巷之間、西一巷和西二巷間，都是經常放映的地點。

國校巷教師宿舍：位於誠正國小圍牆內，是早期教師宿舍，前身為日本時代馬槽。

城市。自造

夏夏

時光地窖

穿越黃埔新村面對中山東路的牌樓，一路前行直抵最後一排巷弄，也是最接近誠正國小校舍的東六巷。巷口一間引人注目的建築物，外觀是由各種尺寸、材質、花樣窗框及門板組合的外推牆面所構成，上頭掛著招牌，上書「莒城」二字。據說莒城曾經是一家餐廳，老闆喜歡動手裝潢，撿拾了各種風格的建材，從裡到外拼貼成獨特的風格。

再往巷子更深處，會經過幾扇儘管斑駁但顏色依舊鮮豔的紅色大門，也許幾戶相對，彷彿過去街坊間那樣聚在一起話家常，也許兀自矗立守護著一方人去樓空的院落。

巷子最尾端則座落一戶佔地寬廣的宅院，保留完整日式建築的模樣，相較於眷區其他院落，幾乎沒有妨礙辨識的增建物。圍繞在四周的院子有足夠的空間形成綠蔭濃密，比起狗兒的看守，綠色守護者的防禦又更加強烈些。據說這裡曾是黃埔新村全區最高階的軍官宿舍，其空間之大甚至曾經暫時安置過家喻戶曉的大象林旺。當年孫立人將軍及其部隊經印度返台，帶回這隻陪伴台灣人好長一段童年記憶的動物明星。只是如今

再和孩童提起，已無法得到共鳴。反而是巷子對面那戶人家，門口安了一個約一層樓高的圓型鐵窗花，分別由三層不同的窗花焊接而成。

說起窗花，又是另一個時代記憶。那個年代起造的屋房為防宵小，總會在窗外裝設鐵窗，不免讓人自諷如同住在鳥籠中。不過，當時的師傅會在鐵窗上做些文章，舉凡瓶中花林中鳥，或者抽象的圖騰、幾何圖形的排列等都能在師傅巧手下為鐵窗婉轉出一番情調。轉眼間，這樣的技術已逐漸消聲匿跡，取而代之的是更接近工業化簡約線條的鐵窗，

讓房屋成為名符其實的監牢。於是城市的人們不知不覺都回憶起從前那些饒富興味的鐵窗花，穿梭在舊屋拆除現場一一撿拾。任教於正修科技大學建築與室內設計系的黃廣華老師便是熱衷於此的愛好者之一。十年來，四處蒐羅，竟也累積了數量驚人的鐵窗花。立在屋外的，就是黃老師呈現在鹽水老街燈會的作品之一，呼應老街塿的懷舊氛圍，將如同記憶般的鐵窗花陳設在水邊，波光粼粼的倒影與舊日時光同樣可見而不可及。

除了鐵窗花，黃老師另一個具有時代象徵的收集是木框窗，同樣運用拼貼再組的手法，原本作為區隔空間並且提供視野的鐵窗、木框窗，可以成為室內風景，亦可以用飽經歲月的身軀在現代空間內引入另一個時空的嘆息，與巷口的莒城成為呼應。

除此之外，散佈在這座房子的牆角、倉庫間、屋頂的還有許多生活器具的部件，其上厚厚的鐵鏽與灰，想

必是讓黃老師愛不釋手的原因，令人宛如走進時光的地窖。

因為對時代物件的愛好，在教學時吸引了有志一同的學生，一夥人於是決定成立「城市自造」團隊，申請黃埔新村的空間，除了讓大夥的收藏品有展示的空間，更可以透過親手修理家具、器具、房屋的過程，成為一種生活方式。每次造訪時，都可以看到黃老師帶著不同的同學們蹲在四處勤奮修理，其中不乏對老屋改建嚮往的畢業生，未來將成為台灣老屋的修復師。

不忍擦掉每一個痕跡

「黃埔新村即是此刻將重現城市歷史斷面的場域，有著日治時期與國民政府的回憶，此時正進入短暫的休眠。」城市自造的成員如此形容，或許休眠對黃埔新村而言是一個更貼切的說法。

這裡是歷史悠久的老眷村，在進入休眠前，居民以老人佔多數，有著時間換來的老鄰居、老家具，老屋和老人用各種改造適應彼此的生命階段，例如地上貼的止滑條，階梯旁安裝的不銹鋼扶手。進駐到這裡的團隊，各個都身懷絕技，以超乎想像的耐力向這座歷史村落挑戰，帶入各自的夢想與特色。身為深愛收集時代物品的團隊，「城市自造」選擇以極其細膩的方式緩慢爬梳這間房屋，如果說重新整理是撢掉老古董上面的灰塵污漬，那麼城市自造應該就是連灰塵汙漬都悉心保留下來了。

和對門鄰居命運大不相同，這棟日式建築由外觀上已不復見，在原本戶外空地上又增建了四個空間，其中有廚房，可分辨出年代由遠而近，依序圍合成ㄇ字形。中間僅存的空地由石棉瓦覆蓋其上，腳下是冰冷的水泥地，所謂的室外感只有少數穿透的光線可傳達。若要接近天空，得爬上窄陡的鐵梯上到二樓天台，可眺望整條街區以及連綿不斷的屋頂。

在黃老師帶領下，夥伴們將每項工事都作為生活的一部分在推進，他們將原本已腐朽大半的地板全數拆卸，在地板下靜靜死去的貓、狗、鳥、

蛙的骨骸得以被憶起，並且重新替換新的木料，維持地板最基本的承重功能，卻不使其翻新。天花板和牆壁上的輕隔間拆除後，泥牆袒露，亦不再粉飾，任時間與流動的風吹拂。房屋早期的廁所經改建多次後成為室內的一部分，但「卸妝」後，可以看到通風的百葉窗和接近地面的氣窗，得以還原身世。屋內已收納兩張老桌子和數張椅子，計畫將這裡打造成時空房間，讓人有如置身遙遠的過去。

只見黃老師滿身大汗蹲在地上鋪水泥，房屋另一處則堆放著從這間屋子裡一片片拆下來的老地磚，而頭頂上的屋脊如同佝僂老者已彎曲，若再不適當增補強度，屋頂將會崩塌，這也是他們首先要搶救的工事之一。牆上半腐蝕的紅磚牆是白蟻啃食過的痕跡，在房屋易手多次後，牠們恐怕是最頑強的住戶。不過，即使是這樣一間問題重重的小屋，團隊也花費相當多的時間，一一解決，悉心照料，計畫未來將會成為辦公空間。

自造 / 再造，新舊循環

黃老師本身是高雄在地人，家住在昔日繁華的高雄火車站，青少年時就讀學校鄰近左營眷村，常就近取道或買早餐，耳濡目染眷村文化。然而無論是左營眷村還是高雄火車站，今日都已被其他崛起的鬧區取代。和城市一起成長，或者看著

城市的衰老，就如城市自造所言，城市因機能的轉換自有其生命週期，此一時的消退在新能量的注入後，會再蓬發出新的生命力。

「自造─是我們的行動！是我們面對這極度工業與極度科技的社會發展，用自由意志與想像對於機械生產與無機複製所能提出的抗議與主張。」曾經參與台中第四信用合作社改建的「日出」蛋糕店面、安平地區民宿的整建，黃老師實際體認到舊建築再利用作為有限的城市空間之必要，更體認到物件需要被重新賦予生命，而不是一再替換，才能對抗機械大量生產的惡性循環。維修，將會是未來需要被再度正視的技能。

秉持著社區設計社區的理念，城市自造希望將團隊所擁有的修復技術與知識傳遞給物件使用者、空間居住者，在黃埔新村的駐紮，也將進一步實現這個理念。預計不久的將來，居民間能用技術交換技術，生命交換生命。

黃埔嚴選

高聳的煙囪：以原日式房舍為單位，每舍有高聳煙囪一座。規劃為眷村後，多把煙囪填封，炊食的爐灶改建到屋外。

現代與傳統
在這裡展開對話，相互輝映

俗話說，「給你一點顏色，就開起染坊來。」用來比喻人得寸進尺。因著這樣的緣故，每回聽到這句話，腦中便不自覺浮現擺滿好多大陶缸的房間，裡頭裝著不同顏色的染料，甚至連屋外都擺滿了。否則怎麼能叫做染坊呢？這樣可笑的刻板印象在遇到佩華後便重新改觀了。

有著明亮外牆的院子，只見掛在門上的不是一般的門牌，而是一塊染成藍色的布料，色彩與線條舞動交錯，上頭清晰浮現整齊的字跡。推開紅色大門，院子一隅是香草植物與野草的戰場，儘管拔去遍生的綠野茂草，只要下過一場雨，隨即又恣意地橫生，才剛栽下不久的紫蘇、薄荷葉、迷迭香也就只能在縫隙間探頭探腦，圖得一絲生存空間。

在原黃埔屋主悉心打造下，屋院幾乎做了全面性的翻新，只有屋簷銜接處的木樑隱約透漏房屋的前身，以及屋內一角留有一個通往架高地板下方的長方形孔道，讓人憶起它曾經有過的模樣。由於位在街角，享有好的視野，能望見貫穿黃埔新村的主要街道。再望向遠方，有屋頂和天際線構成的詩意畫面，陽光總會在早晨和午後時不經意造訪，正好適合在庭院晾起剛染好的布匹，傍晚時還可以架起爐火做點下酒小菜。

纖維 & 料理的夢想家

佩華、茂雄、茂永的奇妙組合，恰巧就呼應了三人的專長。

佩華長年從事服裝時尚設計，屢次獲邀參與國內外各類展覽，在國外舞台上經歷文化衝擊後，因此逐漸開始思考如何在設計中呈現自身的文化，而不流於盲目追隨國外時尚腳步。在因緣際會下，聽了一場關於藍染的演講，從此開啟佩華對藍染的深究與創作。

藍染在台灣並不陌生，觀光區老街常見相關手作課程，人人都可染上一條手絹帶回家作紀念，然而較為人顯知的是藍染在台灣的歷史中曾經扮演重要角色。清朝時期因為大量栽種馬藍（大菁、山菁）、木藍（小菁）等相關作物，提供中國本土作為染料原物料，一時間促進經濟成長功不可沒。隨著時代演進，這項技藝卻日趨落沒，直到近年來，在有心人士的鑽研下，各項技法才得以復興。佩華除了長年從事藍染創作、教學外，也在學校教授服裝史，對於貼近常民的衣著演變脈絡知之甚稔，其創作更可以看到現代與傳統的對話，相互輝映。

在她的工作室裡陳列了各色作品，如上衣、洋裝，甚至連芭比娃娃都穿上具有台灣特色的藍染禮服，令人驚嘆。桌上擺了一具蠟鍋和刷具，是布匹在染色前用來描繪圖形的重要工具。佩華帶我們到另外一間放置染缸的工作間，掀開染缸，上

頭浮著湛藍色的泡沫，據說這是健康染缸的象徵。第一回放下去浸染的布料，呈現出外頭芒果樹上的青綠色，和空氣接觸一會兒後，像是逐漸醒轉過來般，躲藏在染料裡的顏色隨即釋放出來轉成藍色。像這樣染布過程，常常要花上十幾二十回，看似單調，但若能像佩華擁有一雙對顏色敏銳的雙眼，便能看出每一回色澤的變化，甚至可用千變萬化的技法來搭配。原來一缸藍色，便足以創造出這麼多深淺變化，看來只要一點顏色，確實就能開起染坊來啊！

緊鄰在旁的，是茂永的工作間。他們是在南藝大所結識的同學，同樣深具對織造的熱愛。來自馬來西亞的茂永，高中時念美術設計科，來台灣上大學後學習到了羊毛氈、勾針、絹印等技術，其中又以金工作為主修。直到研究所，開始從事梭織的創作。

在面向院子的窗邊工作檯上擺放三種梭織工具，大小不一，技法不一，呈現出來的作品也各具特色。只見茂永輕巧地拿起簡易織機，斜倚在大腿上，一端支撐在桌緣，便織了起來。織機上規律地排列著色線，看著茂永靈巧的手指穿梭在線與線之間，不一會兒就織出一段有花紋的布料，令人嘆為觀止。雖然看起來是相當機械性地操作，但其中要包含藝術創作以及構思線條與圖像的交錯位置，實屬相當複雜的腦內活動。

牆壁上掛著茂永的作品，織帶的色彩繽紛卻不失溫和，就像茂永帶給人的感覺。另外還有背心、圍巾和側背包，造型別具巧思。而其中最吸引人的是大幅的編織畫作，融合了多種技法，具象徵性的圖像融合在一起，彷彿說著亙古與未來共同流傳的故事。

至於茂雄的到來，彷彿把外頭豔陽的熱情也一起帶來。起初還有些羞澀，但一說到吃的，茂雄立刻手舞足蹈地比劃起來，

講著一道道記憶中的好味道。父親為客家人，母親為賽德克族，雖然出生在苗栗，然而國小時期曾回到位在花蓮的紅葉村就讀，和外婆生活在一起的時光，奠定他獨特味蕾的重要時期。

講起族人烹飪山珍海味的料理方式，茂雄彷彿回到了山裡，好比說外婆剛搗好的麻糬溫熱軟Q的口感是難忘的滋味；族人為了慶祝婚宴而清晨即宰殺的豬隻，和著新鮮豬血現做的豬血糕，香味四溢；醃魚蛋和醃生豬肉是在瓶罐中放入溪魚的魚卵或剛宰殺的生豬肉，加入調味香料以及大量的鹽，密封後，待熟成便可以直接享用，最是下飯。即使後來回到苗栗，家裡的餐桌上仍少不了來自部落的傳統口味。

目前在義大利餐廳擔任廚師的茂雄，一有空時就會設計私房菜單，從前菜到甜點一應俱全，更時常做美味甜點招待朋友。茂雄的夢想是結合原住民的食材烹煮跨國界料理，例如阿美族常見作物紅藜麥可作為麵粉代替品，製作麵包。義大利料理中的開胃菜－哈密瓜生火腿，何嘗又不能用部落的醃生豬肉來代替呢？

當我們聚在一起

談到以黃埔新村作為創作基地的契機，三人不約而同有一些早年的經驗。

童年時，佩華父親曾擔任情報局工作，因工作關係與家庭變故，一家人先後曾在台北和屏東眷村住過，唯獨佩華被送到屏東四重溪父親友人的父母家寄住，總是聽著哥哥姊姊說起眷村多采多姿的生活，讓佩華無限欣羨。然而在四重溪的時光卻在她來到黃埔新村後重新被喚起，那時候溫泉觀光業尚未興盛，純樸的小街上能讓孩子一路從街頭玩到街尾，鄰里間熟識親近，那樣自由開展的生活模式是佩華一直所嚮往的。因此來到黃埔新村後，首先就被有院子的房屋所吸引。

茂永則是聊起馬來西亞有不少在都市近郊的新村，雖然不是軍人眷屬組成，但是那裡多為低矮房舍，以華人為主，自成一套自治默契，警察少有管理，和眷村的氣氛極為相似。茂永的外婆就是住在這樣的新村裡，想到新村就必定會想起外婆。

茂雄在苗栗的家鄰近眷村，常常繞去買點吃食，那樣子的來往還是以食物為中介，也是茂雄所熟悉的。真要說起來，眷村和部落還真有幾分相似，一群人因為居住的緣由而聚集在一起，發展出在地所特有的飲食、風氣、習性等。茂雄說，在部落時，若在家門口堆起柴火，

鄰居只消看到冉冉的炊煙，不約而同就拎著家裡的菜肉等鮮食，一起就著火堆烤煮，餐後烤火取暖。

分享，或許就是佩華、茂雄、茂永三人聚在這裡的原因，也是他們今後將和這個地方互動的方式。

黃埔嚴選

修改軍服：為了貼補家用，眷村媽媽幾乎都有一雙好手藝，烹飪和裁縫、打毛衣都難不倒，特別是軍服修改在眷村中算是熱門生意。

換取自己的時光屋

陳育萱

回歸生活的初心

大門矗立著一棵老榕，它擘分兩戶，昂揚枝葉。院內有掃地聲，聽到敲門聲止，聞聲而至的她是創建骨力工作室的琇雯。

以住代護計畫案通過後的第一關就是負責與散落一地的工具拼鬥。對於工具一竅不通，最開始還冒險爬到屋頂去修剪過於茂盛的榕樹枝椏。幸好，彼時路過一人，給了她修樹剪。問起，竟是荒野保護協會高雄分會會長。對於新住戶來說，原以為早已荒置的眷村，其實仍有在地人逗留其中，這是一條隱微的互動之線。

那麼，既非眷村子弟也與鳳山無淵源，申請此案的理由又是什麼呢？穿著 T 恤，學生模樣的琇雯指出它對心靈的影響：「擁有這個獨立空間，終於給我主導一切，回歸生活的感受。」環顧空間，獨立院落分布前、後，除了日式建築與隔壁住戶恰好各分一半，後院尚有兩三坪土地足以種菜、養花。除此，原住戶建了一棟二樓水泥房，清除壁癌雖然辛苦，琇雯卻難掩興奮：「未來，可以在不同空間輪流居住。」不難想像日式建築整修完畢，水泥建築內部修補工程妥善後，將會是功能兼具的場域。數月前，巧遇流浪到台灣的外國人以工換宿來暫居幾夜。在一切工程還稱不上啟動的當口，這間眷舍再次成為與異質文化溝通的窗口，著實為琇雯帶來不少驚喜。

緩慢的工程進度，加上有限的進駐年限，多少都會讓申請者焦慮起來。琇雯卻不
這麼想，她整頓期間，經常花兩三小時掃落葉與落果。門前那棵榕樹，生得張狂，
不少好事的路人，每每建議她：「不如鋸掉了吧！榕樹又陰。」但是，她並沒有
採納這樣不請自來的意見。樹的價值該由人來決定嗎？她左思右想，繼續掃地。
掃著掃著，她更確信內心的答案，這不是浪費時間，而是藉由掃除來與樹對話。
確實整修的壓力不小，可是砍掉之後，就再也不能重現這樣
澄淨心情的場景了。夏天到了，有樹的地方蚊蟲必定惱人，
但琇雯依然選擇修樹，未曾考慮過要扼殺一棵老樹的生命。

喜愛自然的性格，對於動物亦深懷同情。曾廢棄一段時間的黃

埔新村，其實早有落腳客，那是行蹤飄忽的貓兒。自從以住代護計畫開始，貓兒似乎漸漸不愁三餐，好心人會替牠們備妥。只是，餵是小事，可是生命均有生老病死，總得有人替牠們結紮、為不幸夭折的貓兒料理後事。出於悲憫，她默默擔任起幾次偶發事件的貓之送行者。

死後腫脹的動物身體，多半無人敢靠近，問琇雯為何能夠跨出這一步？她答，「先看我媽媽做，看著看著就覺得好像我也可以。」

恰好在一旁的母親，表情柔和，支持著女兒的作為。琇雯靦腆起來，有感而發：「教育就是行動，看著上一代如何，你就會學習他們的身教。」他人最不想碰觸的這塊，她發願若有機緣碰到，就試著救救看。過去養狗的經驗，亦曾體會為狗兒送行的悲傷，自道：「本來也很怕觸碰死這一塊議題，可是久了之後就知道這是人生必經過程，狗狗教會我人生最後一刻。心臟會變得很強大，就能夠越來越淡定。」生活中縈繞著生命關懷，這便是骨力工作室最基礎的氛圍。

撿拾歲月的化石

指著掛在牆上的褪色米老鼠，琇雯說自己捨不得換下原屋主的掛飾；撿來的小型竹籃，倒過來便成燈罩，發出熒熒之光。她盡可能化腐朽為神奇，主因是希望呈現原汁原味的房舍，盡可能降低個人想法。

為後院的浴室加裝透明壓克力，想著未來天候不那麼熱，或許可搬張桌子在那兒寫寫東西。出奇的想像，其實一部分來自工班難尋的現實。笑稱因此可以出師，從一竅不通到細數電鑽功能，地面擺開一列工具，一一介紹起來毫不含糊，彷彿正從門外漢變成專家。她找工班的方式並非貨比三家，反倒是感激還願意前來的師傅。

「工班願意來就很好了！工班知道你的工程規模小，多半推託說等一下還有某某工程要做」。既然如此，她索性依照對方制定的價格來共事，不殺價。或許這會被人稱之為傻，但冥冥之中出現貴人，龜裂的屋頂在沒有工班願意接手的情況下，第一波住戶范先生竟願意替她修屋頂。爬到二樓高度的屋頂，危險度不小，她真心感謝這樣的機緣。

因而，所謂「骨力」工作室，正是琇雯對自己的期許——大巧若拙，透過「勤勞」（台語：骨力）來找到願意認同相同價值的人。

生命的價值觀，往往來自生活經驗的積累。問起這些，她便笑了，曾在飯店業與旅遊業服務過，琇雯過去在飯店最初從事房務，後來有機會可以進廚房，當時年輕的她並未考慮太多，便接下雙份工作，結果得不償失，差點搞壞身體。她自省一向有過度要求自己的傾向，攬了不少責任，又無人分攤工作，為此付出的慘痛代價，讓她選擇轉入旅遊業。不過，在旅行社工作，手機不能關，逼到極限的嚴重程度，又再次造成干擾。公私領域不分的情況，讓琇雯身心俱疲。反覆確認，極其小心的過程，還是有可能會有漏洞。疲於奔命的生活，終於使她醒悟，停下來了。

人生轉折處，她依稀見到另一種生活的可能，回憶鈕承澤拍攝過一系列眷村電影，影片中互通有無的生活令她嚮往，一個大聚落的整體感，讓她毅然選擇暫別大樓生活。未曾住過公寓的人，總有好一段時間得用來適應剛搬入的彆扭，比方喜愛偶爾彈琴自娛的興趣，卻不見得受鄰居包容。想當初往往幾個音鍵，一通電話就打上來，問是不是在彈鋼琴？斷裂的人我關係，加上未曾住過單一平面的平房，琇雯對黃埔新村的想像是它宛如樂高，在幾代住民增建、改造空間後，成為特殊的文化景觀。

形容它是「想做什麼就做什麼的空間」，她預計透過寫作，在陽光房中留下有形的見證。閒暇種植一些香草植物，若遇上路過者，就親切地邀請他一同進入骨力工作室，撿拾歲月的化石。即使薄博一片，也能在灰飛煙滅之前，得以感受和時光摩娑的親密哀傷。

黃埔嚴選

王生明路：以王生明將軍命名。王生明路上早年聚集許多專賣軍用品的店家，以供應周邊三所軍校，如今數量已減少。

用細細的時光勾勒一個家

夏夏

曉菁和音伶的家有寬敞的院子，鋪滿令人懷念的褐色地磚，磚與磚之間當然有生命力強韌的雜草竄生，彷彿院落靜謐的私語。沿著牆邊擺放的是和他們一起從台中移居來的盆栽，還在適應南部陽光的熱情，不久後該蓬勃綻放。玄關處已經掛上一盞等候歸人的燈，家的氣味或許就從這樣一個迎接的姿態開始延伸。

屋子裡，由玄關一分為二，一邊是客廳，另一邊則是主臥室。經過大規模拆除後，如今木質地板上留下的痕跡，可依稀指認出原本床鋪、衣櫃、電視櫃、書櫃等家具所在位置，彷彿考古一般。從修建痕跡可以推斷出房屋原有日式緣廊，經前屋主外推整建後，將支柱切除，加裝鋼架承重，成為現在的樣貌。就連牆面也一層層露出各年分的臉孔，從泥牆到磚牆，木牆到新刷上的油漆，新材填補舊材，居住者的遞嬗，歷歷可見。如今寬敞通透的主屋將成為作畫的空間，一隅搭高的木台，鋪上榻榻米，閒坐小酌或打盹皆可。

音伶提到剛接手這間房子時，天花板已經被宵小偷走，她們索性將輕鋼架全數拆除，沒想到屋頂一路穿透到隔壁住戶。這是早期為了解決人口繁多而重新分配原宿舍空間的現象，導致同一個屋簷下卻因為一牆的阻隔，彼此相聞卻不相

見。這樣強硬的規劃雖然解決戶數不足的問題，但也影響到房屋通風、採光等。在打掃的時候，音伶還曾因一時好奇爬上牆緣偷窺隔壁空屋，只見一片漆黑，等待新的屋主來點亮。有空的時候，她們也會擦拭屋樑，檜木與鋼材交錯，彷彿今與古的對話。

除了主外空間外，陸續在使用者需求的增加下加蓋了廚房、廁所與別間，礙於空間有限，以形狀多變及動線多轉折的方式展現居住的有機樣貌，狹窄的走廊上方，甚至還有一透光的天井，增添趣味。若是不嫌麻煩，可以沿著窗戶爬上屋頂，那一方以古樸花色空心磚圍成的小天地是今後作為乘涼、發呆、瞭望天空的好處所。

童年遊戲場──煉油廠宿舍與山間的土角厝

每個來到黃埔新村的人，多多少少都曾在居住經驗中留下美好的記憶，於是循著那份美好來到這裡，重建對居住的理想。

音伶自幼生長在宏南宿舍，是高雄煉油廠所屬的眷屬宿舍。圍牆內的宿舍區生活機能完善，孩子們最愛的游泳池、溜冰場、遊戲場等一應俱全，還有定期放電影的中山堂，幼稚園、國小、國中都能就近就讀。音伶還記得童年玩伴的父親因煉油廠不幸發生爆炸意外而去世，在廠方和鄰里的支援下，玩伴一家人因此得到妥善的照顧。在宏南的生活，和鄰居的孩子們一起長大，能數說家家戶戶的故事，氣氛緊密如同眷村。

高中後跨區就讀，離開熟悉的廠區，第一次認識到外面的朋友和世界，曾經歷過覺得自己相比於同學，太過封閉，什麼都不懂，就連宏南鄰近的區域都不熟悉。然而童年時期那段特殊的居住背景，讓音伶習慣於浸潤在人與人之間的故事和情感濃度中，伴隨那樣富有溫度的相處，隨著大學時修習油畫，最後選擇以拍攝影片做為主要發展，或許那就是居住記憶對生命的影響。拿起攝影機，她將點滴記錄在黃埔的日子，曾遇到的人，曾交會過的時光。

有別於音伶對故事體裁的熱愛與創作方式，曉菁則選擇更內斂的訴說方式。從事水墨畫的曉菁，人如其畫，白淨與纖柔。她輕聲細語地解說水墨作品繪製過程，一幅幅以花為主角的靜物畫作，色澤恬淡，卻透露著一股執著。

提到幼年時，曾跟祖父母住在東勢山區，倚傍著山丘的土角厝屋子前面是小溪潺潺，成為她精神上的原鄉，至今仍念念不忘。國小後隨父母搬到台中居住，高二那年經歷了 921 大地震，住家附近馬路嚴重斷裂與橋梁崩塌的畫面令她震撼不已，年輕的心驚覺生命的無常，更該勇敢投入所愛，於是下定決心報考美術班，從此踏上繪畫這條路。

在她的畫裡，那些細膩的工筆線條都是繁複心情在一次次沉澱後不厭其煩勾勒出來的，一幅畫至少得花上好幾週的時間才能完成。曉菁說她不喜歡畫人，或許就是因為不想被看透自己的心情。喜歡畫花的曉菁自然也注意到黃埔新村的植物，

還有隱身在四處的老磁磚，今後都會成為創作素材。除此之外，累積多年社造經驗以及學校任教經驗，曉菁更積極計畫和鄰近的誠正國小合作，帶孩子們畫出家的樣貌。

用畫筆，用鏡頭，曉菁和音伶適應了南方熱烈的陽光，慢步細察創作與生活的路徑。

黃埔嚴選

診療所：早年眷村內設立診療所，醫生多由退役軍醫擔任，包辦全村老少疾病與施打預防針等，連半夜接生都由診療所出動。村民回憶童年時期，不曾在外就醫過，及長後，到外地就學才第一次到民間診所就醫。

共築創意改造基地

夏夏

不同年代的痕跡層層疊疊，
在空間中自成脈絡

「邀倆棟」是由同樣是七年級生的 Easy、信宏組成的團隊，加上工作夥伴小瑜，結合了攝影、設計、策展的長才，共築創意的改造基地。說起來這團隊也是因為創作而相識，在本業之外，分別發展不同的「不務正業」。

現役軍人的 Easy 平日在金門擔任中華民國未爆彈處理小組的一員，據說當地至今仍會挖到不少地雷，而在地居民也都熟知雷區以及處理地雷的措施，是相當特別的民情風俗。特別是清明節掃墓時，總會在祖先墳上挖到一兩顆地雷，這時候便會主動通知 Easy 所工作的單位來接手處理。在這樣日夜與未爆彈工作的環境，遇上輪休時，Easy 就啟動他的設計本事。其中代表作是融合台灣民間信仰的馬克杯，分別印上了媽祖、千里眼、順風耳的圖樣，造型別緻，褪去了傳統的形象，賦予文化新的面貌。

信宏是 Easy 軍中同袍，退伍後即展開設計相關工作，並且與同好組合開發團隊，推出多款木製時尚精品，如鏡架、領結等。這些兼具創意和質感的生活物件，以別開生面的材質呈現，多了一分溫潤。

原本從事交通顧問的小魚，辭去道路設計、捷運規劃等將關工作，專攻攝影。小瑜本身擁有姣好的外型，讓人誤以為是專業模特兒，不過看到她專注觀察的眼神，便可印證其攝影師的身分。不管是人像、物件、風景等，都是她擅長的題材，同時也在攝影教學上不遺餘力。

217

精打細算改造術

在這次以住代護計畫中，邀倆棟進駐的是一間附有二樓空間的小房子，經歷多次居住輪替後，可以看到不同年代的裝潢、隔間層層疊疊，甚至是空間上的異動造成的隱密性。進駐之初，團隊便決定要動手整頓出空間的脈絡。

年輕就是最大的本錢，團隊聯手加上呼朋引伴，原本耗資甚鉅的內裝拆除工程一下子就輕鬆搞定，無形中省下了一筆經費。拆掉天花板夾層後，寬敞的空間打造成夢幻閣樓，擺張床，又可以多招待一個朋友，也讓室內空間有更寬闊的視野。一樓的客廳既能容納作品展示，也是工作空間，牆面彩繪則展現出年輕的氣息。

工程告一段落後，適逢聖誕夜，在電線尚未接妥的情況下舉辦了別具風味的派對，邀三五好友秉燭席地而坐，是來到黃埔新村的第一場聚會，更是一個宣告，未來在這裡將有無限可能的創意結合、故事交流。

黃埔嚴選

國旗插孔：昔日用於插國旗的基座，特別是元旦和國慶日時可見到家家戶戶飄揚的國旗，如今大多拆除，儘管少數有留下來，較年輕一輩卻不知道其功能也有之。

用隨手可得的平價、環保材質，
用設計注入創作者的用心

30 歲以前，嘗試各式各樣的設計

才按下門口的電鈴，取代電鈴聲傳來屋內的狗吠，前來
應門的是阿發、雅琪夫婦和正在念中班的女兒。

這間位於東五巷的屋子從原本的日式建築主體開始擴展，
院落外觀已重建成較高的圍牆，側邊增加了約十坪的空
間，院子的角落則增建了一個小儲物間，並且院子鋪上了
容易清潔的磁磚，外觀上看來是頗現代化的改建。從陳設著百合花的小玄關進入
屋內，便能從各個小細節中發現夫婦兩人對於空間的想像力以及手作的執行力。

夫妻兩人從高職時期便是同學，直到後來畢業上大學後才展開交往，兩人所念的科
系皆和設計有關。阿發在學校時期除了修習工業設計，同時也習得金工、陶藝、吹
玻璃等技藝，因而畢業後能夠將設計的觸角延伸到各類型物件，從科技產業的研發
設計到深具美學的瓷器設計，甚至是近年廣為熱門的 3D 列印技術，都成為他們打
造居家環境的能力資源。能夠這樣廣泛的嘗試，阿發說因為年輕時便覺得要在三十
歲以前，嘗試各式各樣的設計，從中體會不同的視野並且找到自己的愛好。

這樣子的理念也能從他們親子間的相處看到。在夫妻兩人的工作桌旁，放著一
張由廢棄木料所釘製成特殊造型的桌椅，是他配合小女兒身高量身打造的書桌。

走進女兒的房間，天花板垂降的是一頂大大的蚊帳，牆上有女兒的充滿童趣的塗鴉，緊鄰落地窗的桌邊同樣陳設著一簇瓶花，在陽光普照的早上可以就著窗邊看書畫圖。

融入生活的美學

累積了足夠的設計經驗後，阿發逐漸感到自己對於教學有相當大的熱忱，毅然決然辭去台北的工作，回到高中的母校任教，一家人也因而搬遷回到夫婦倆出生的故鄉──高雄。阿發在學校的教學工作仍然不離設計，不過所接觸到的學

生多為經濟拮据的家庭，要培養學生對於美感經驗，必須將
過往設計等同於高價品的觀念打破，而是利用隨手可得的平
價、環保材質，用設計注入創作者的用心，使得產品能美觀
又平價。阿發和雅琪也在自己的家中不斷實踐這樣的理念，
例如女兒房間的吊燈就是用磅數較厚的描圖紙摺疊出幾何線
條而成，既環保又優雅。而一家人吃飯的餐桌則是用枯木結
合門板所組成的，面積比一般餐桌更大，也能讓好客的夫婦
倆隨時邀請朋友來家裡吃飯。

改建這間老屋時，他們將房屋還原到最原始的樣貌。特別是在
屋頂的部分，移除了天花板夾層，裸露出來的是木頭結構，但
是為了解決落塵問題，於是大量利用棉布連接樑與牆之間，無
論是坐在客廳或是工作桌，抬頭都能看到如波浪起伏的布料，
軟化了粗獷結構的線條。

夫婦的臥房裡也能看到這樣明快且溫暖的巧思。他們巧妙運用
了日式房屋的壁間做為衣櫥，解決了收納問題，也讓老空間有
新生命。

向宇宙下訂單的理想家園

熱情的雅琪是街坊間的資訊情報站，無論是好康的還是日常重

要情報，她都能一手掌握，總是把她的生命的活力分享給身邊的人。還在公司任職時，她就主動利用下班時間進修創意旗艦學堂，甚至是學習麵包烘焙、花藝、義大利麵、手沖咖啡等，讓公司的同事常常能在工作空檔來上一頓豐盛的下午茶。

還記得在台北南港租屋的時期，面對潮濕多雨的氣候經常會不由得嚮往南部的陽光，當時雅琪就隨筆畫下心中理想家園的樣貌：一間夫妻合力建造的房屋、可以充分發揮廚藝的明亮廚房、老公在寬敞的庭院做木工。沒想到多年後，這樣的夢

想居然在黃埔新村實現了。只見庭院擺放著阿發製作家具用的木工機械等，院子的圍牆邊有剛發芽的香草植物與青菜。雅琪還笑著說，這間房子是他們的第一志願。來到黃埔新村申請以住代護時，他們在參觀過所有房子後，回到家便以電腦繪圖仔細模擬空間改造後的藍圖，甚至沒有預備申請其他房屋的備案，抱著非這間不可的決心，後來果然獲得評審青睞，順利入住。

連郵差都不敢來送信的地方

2015 年年底宣布入選名單後，阿發和雅琪就決定要讓親朋好友們在過年時能來到這間特別的新家團聚，於是年前即舉行簡單的開工儀式，開始進行施工作業，以及結構評估、加強。

住在這裡的時光不知不覺就放慢了下來，入夜後的寂靜讓人早早就上床睡覺，當晨光探進巷弄時，小鳥合唱團則會輪班開唱，讓人不得不早起。每天的探險就是觀察植物的開花結果，小動物、小昆蟲是最常來探訪的朋友，原本要廢除的黃埔新村因為這些住戶而有了轉機。

不過說到剛搬來住的時候，因為幾乎沒有其他住戶，這份靜謐也不免讓人多做聯想，郵差甚至不敢相信有人住在這裡，特地先打電話來確認才來送信。

沒有門可以關的時候

早期住在眷村的居民，由於人數相當多，往往得將日本宿舍分割成好幾戶，或是兩三戶共住一間，因此發展出雞犬相聞的緊密鄰里關係，整個眷村更像是一個大家庭。人和人、家和家的界線是模糊的，較之個人，團體的意識更加強烈。住在這個以平面為主的空間內，不同於高樓型態緊閉的門戶，一家人的作息也是親密的。回想之前住在公寓時，女兒的玩具玩完就得收拾，在家也不能盡情的唱跳歡鬧，來到黃埔新村後，玩具可以盡情攤開來玩，高興時要叫要跳都被允許，連小狗都有空間奔跑。

在這裡，爸爸的工具、媽媽的烤箱、女兒的電子琴有各自的角落，這一家喜歡動手玩的三個人，在這裡得以盡情玩，讓老空間吟喔出新曲調。

黃埔嚴選

萬能的壁櫥：日本漫畫多啦 A 夢睡在壁櫥裡的畫面相信大家都不陌生，早年眷村生活克難，讓小孩睡在壁櫥裡是解決空間有限的辦法之一。電影《牯嶺街少年殺人事件》中也曾記錄下這樣的畫面：兩兄弟睡在壁櫥裡，拉門一闔上，裡頭一片漆黑。想要睡前看點書，還得藉手電筒的光線。

共藝術合作社

夏夏

落實改變生產關係，
建立一個真正的藝術生產合作社

穿過時光的八十五號

走進黃埔東二巷，會先被一叢蓬生的竹子吸引，生長茂盛以至傾斜幾乎要倒在路過的人身上，而後抬頭瞥見歇業多年的美容院招牌，揣想眷村媽媽們趁著孩子上學時聚在這洗頭美髮兼聊八卦，再往前走幾步，很快地就會發現幾戶人間門口貼著字跡樸拙的春聯。信步走到巷尾，赫然發現通條巷弄雖已閒置，家家

戶戶門口卻都貼上簇新的春聯，彷彿未散盡的人煙，形成一番趣味。一問之下，才知道原來是住在八十五號的共藝術合作社於春節時舉辦活化空巷的成果，召來了好友成群，就著矮几或趴在地上，寫出一張張祝福慶賀的對聯，為這條人跡罕至的巷子增添不少活力。

除此之外，最引人注目的應該就是巷子中間擺設的破週報報箱，還有敞開的大門口懸掛著手繪木牌。曾經在眾家獨立小店可以看到的紅色報箱，裡頭擺放的破報刊載各類藝文訊息以及公共議題的評論文章，而報箱上頭總也聚集其他藝文活動的廣告單，標識出店家及其讀者所認同的價值。2014 年破報停刊後，報箱紛紛閒置，也逐漸消失在街頭，少數留下來的也另作他用。在這個曾面臨廢村拆遷，而

後又因政策改變逃過一劫的黃埔新村再見到熟悉的報箱，足以想見屋內人家必定延續某種步伐站在時代洪流前奮戰。

我們到訪的時候屋內正好聚集了幾位曾經住在黃埔新村的長輩，與年輕的新住戶圍著方桌討論。一旁，有一台懷舊的點唱機，或許是午後陽光與接近炎夏的暑熱，讓人誤以為幾乎可以聽見某種渾厚低沉的嗓音從音響流洩出來，就連踩在木頭地板上那不經意傳出的聲響，都彷彿時光的跫音。

穿過庭園，在主屋的右側是廚房，擺著一張可容多
人圍繞在桌畔吃喝快樂的餐桌，桌上的水果散發濃
烈的香氣，另外還有一張可以坐在高腳椅上倚靠的
吧檯，適合一個人喝杯咖啡。

用分享縮短距離

共藝術合作社是由高雄師範大學跨領域藝術研究所的黃孫權老師主持，並由師
生們建立行動基地，結合「基地分析」與「文化行動」兩門課的成員來共同執
行。「我們朝向真正能夠改變生產關係的方法，建立一個真正的藝術生產合作
社。」在這樣的規劃下，同學們每天早上一起整理屋裡屋外，一桌一椅的佈置
起來。若要說這裡是教室，不如說這裡是大家共同生活的空間，而生活本身就
是最好的學習。不論是年節時的慶祝活動，或是日常的課堂分享、不定期的展
演，都能在這裡緊密的交融。例如每週一下午由學生為主體的課堂，口頭分享
課程相關的主題書籍，除了修課學生，也開放有興趣的民眾一同加入。晚間，
大夥一起在廚房裡炊煮，使用碳排放量較低、鳳山周邊地區小農提供的食材，
甚至是友善養殖的海鮮，飯後眾人均分菜錢，提供了在外地念書的學生們一餐
充滿家的味道的晚餐，兼顧荷包與健康。

除了分享食物，共藝術合作社也分享各類書籍、「破週報」、「當代」雜誌，
當然，音樂與創作是一定要有的，更少不了的是想法的交換、人與人的互動，

在降低商業化行為的前提下，讓生產者與使用者之間的距離縮短，以促進人與環境的和諧。

另外，結合課程的進行，成員們積極邀請原本住在這間屋子的主人回來分享，講述居住在這裡的生活點滴。哪怕是牆上的一根釘子、角落的一個開關，或是花色懷舊的磁磚都訴說著屬於這裡的故事。共藝術合作社希望將這些更在地、更個人化的口述歷史保存下來。未來，他們也會繼續在這個充滿夢想與動力的基地延續課程的精神，繼續實踐下去。

寫在之後，或之前 夏夏

2016 年 5 月，截稿日在即，綠島發生一起事件：當地民宿業者違法捕殺保育類魚種龍王鯛「拿破崙」，引發各界撻伐，更讓經常潛水造訪拿破崙的愛好者惋惜不已。同時在蘭嶼，達悟族例行的飛魚季也因觀光客為了拍照，而擅自爬上拼板舟，使得船身遭破壞，因此無法下海捕魚。

大量遊客帶來的經濟利益與環境破壞，一直以來都是需要政府與在地人士有意識地去推動守護，以避免過度利益導向而流於文化大拜拜。短暫的熱潮終必消退，然而以此為家的人卻要用無盡的歲月去修復這道傷痕。

自眷村改建條例實施後，全台大部分眷區都已拆遷，少部分眷區轉型成替代空間或是結合文創繼續經營，一時蔚為風潮。鳳山黃埔新村是台灣最早的一座眷村，拆與不拆的過程曲折，最終以高雄市文化局向國防部託管的方式，將部分區域劃定為「以住代護」方案，開放有意願整理空間及入住的民眾申請入住。自截稿日為止已舉辦兩期，共二十餘戶入住，原本荒涼的黃埔新村又重新恢復生氣。獲選的住戶中有文創團隊、建築團隊、創作團隊等，也不乏家庭與個人。

這段時日的走訪，常見年輕創作者全家總動員，其父母是這段修築歷程默默付出的背影，他們有時候更勤於在太陽下除草，然後又靜靜收拾工具離開，不計較被鏡頭遺忘。

打造一個家，進而經營一個家，本身就是相當艱難且耗時的挑戰，這需要相當程度的覺悟，透過無數次的溝通與妥協，才能夠在精神上和體力上歷經「篳路藍縷」，最終才能提煉出生活的藝術。

也因此令人更加敬佩曾世代居住在此的原住戶，歷經無數寒暑，克服艱辛的生活條件。或許我們都能從這過程中體會到樸實生活的力量，以及對前人必須懷有的尊重。

而身為鳳山人，在訪談過程中，心情真的是既期待又怕受傷害。看到更多創意活水流進鳳山古都，讓我有了新的眼光去詮釋這塊故土，但也害怕快速與重點式的凸顯一座城市，是否會抹煞了多樣的層次面貌？此情之於眷村原居民更是如此。在創新與守舊之間的拉鋸，實在牽扯著太多複雜的情感。而每個人的生命，又不過是龐大歷史的涓涓一滴。

想起住在鹿港的朋友怨嘆昔日老街已不在，如今在的盡是人潮與消費。於是更多人拿起紙筆、攝影機，把每個世代所記得的土地存留下來。存留下來，是為了讓我們以後還找得到回去的路。

在即將停筆之際，回想起走訪過的每一戶，每一雙充滿懷念的雙眼，每一顆洋溢熱情的心。期待那樣以善為念的初衷，融入在黃埔新村這座善於包容的眷村，這座人人都能在此獲得生命的永遠的新村。

眷村文化資產系列 16

書　　名｜媽！我要住眷村 - 黃埔新村以住代護紀實
作　　者｜夏夏、邱承漢、陳育萱、楊晴惠、楊貽茜、
　　　　　蔡文騫、黃琬雯、郭彥麟、方尹萍
攝　　影｜盧昱瑞
插　　畫｜薛爰兒

出　　版｜文化部文化資產局、高雄市政府文化局
發 行 人｜施國隆 / 史哲
指導機關｜文化部文化資產局
編　　審｜高雄市政府文化局
行政協調｜朱俊德、林旭彥、趙曉民、許慈玆
企劃督導｜王文翠、林尚瑛、簡美玲、林冠宇
行政企劃｜曾曉寧、黃有祿、劉彥翎、李勇毅
地　　址｜802 高雄市苓雅區五福一路 67 號
電　　話｜07-2225136
傳　　真｜07-2288824
網　　址｜http://www.khcc.gov.tw

編輯承製｜木馬文化事業股份有限公司
總 編 輯｜陳郁馨
副總編輯｜李欣蓉
編　　輯｜陳品潔
行銷企劃｜童敏瑋
設　　計｜東喜設計
社　　長｜郭重興
發行人兼出版總監｜曾大福
共同出版｜文化部文化資產局 高雄市政府文化局 木馬文化事業股份有限公司
發　　行｜遠足文化事業股份有限公司
地　　址｜231 新北市新店區民權路 108-3 號 8 樓
電　　話｜02-22181417
傳　　真｜02-86671891
Email ：service@bookrep.com.tw
郵撥帳號｜19588272 木馬文化事業股份有限公司
客服專線｜0800221029
法律顧問｜華洋國際專利商標事務所　蘇文生律師
印　　刷｜凱林彩印股份有限公司
初　　版｜2016 年 9 月
ISBN 978-986-359-281-5
GPN 1010501650
定　　價｜330 元
版權所有 翻印必究

國家圖書館出版品預行編目 (CIP) 資料

媽！我要住眷村 / 夏夏著 . -- 初版 . -- 新北市 : 文化部文化資產局 ．高雄市政府文化局、木馬文化出版 : 遠足文化發行 , 2016.09
面；　公分
ISBN 978-986-359-281-5(平裝)
1. 眷村 2. 文集 3. 高雄市

545.4933
105012911